琴童家长百问百答

[美] 茅为蕙 著

復旦大學出版社

著名施坦威艺术家　茅为蕙博士

茅为蕙博士简历

著名钢琴家，教育家，美国南加州大学音乐艺术学博士，中国儿童音乐教育领军人物，南加州大学音乐学院钢琴系教师，多次国际钢琴比赛金奖得主，世界上屈指可数的施坦威艺术家（Steinway artist）之一。

她的音乐足迹已遍布全世界近百个城市，与欧美和东南亚的50多个交响乐团合作演出。近年来频繁地活跃在中国的音乐舞台上，与诸多交响乐团以及著名指挥合作。茅为蕙博士出生名门之后，童年时又是中国家喻户晓的电影童星，她的不凡人生和艺术造诣已受到国内外百余家媒体的专访，其中包括凤凰卫视“鲁豫有约”、中央电视台“华人世界”等。

在演奏之余，茅为蕙博士在中国各大音乐学院进行大师班讲座。她幽默、犀利和真诚的讲课风格更是别具一格，为国内六十多个城市的琴童、家长和老师们增添了学习音乐的自信和乐趣。

茅为蕙的著作《孩子学钢琴，父母先上课》问世以来受到了中国音乐教育界和琴童家长的广泛认可和热爱，被加印十万余册，近期又在台湾隆重出版。2014年她又倾情推出国内首套让孩子通过画图和游戏来熟识五线谱的画册《你图我画玩音符》，为琴童的音乐之路添色加彩。

序

提问题是一件容易的事情，但是回答问题却恰恰相反。因为问题没有对错，答案却有好坏。在这本小书里，我大胆挑战自己，收集了100个最常被问的问题，一一做出我最诚恳和真切的回答。

近十年内，我在中国的大小城市遇见过成千上万的琴童。每一个孩子特有的性格、表情、动作和心理变化都让我觉得神奇，揣摩不透；他们的琴声让我时而振奋，时而感动，时而不安，也会时而遗憾……最让我感到庆幸的是他们的身边一定会出现一个认真、努力、积极的家长，虽然有些家长作为父母还稍显稚嫩，但是他们对孩子的爱、期待和付出却不容置疑！孩子在不断长大，家长也应不断成熟。尤其当孩子走上艺术学习道路的时候，家长们除了做好监督工作，更主要的是引导、启发、支持和理解。

其实家长在提出问题的时候这个问题已经是在解决

的路途中了，因为这个问题已经开始被重视、思考和分析了。如果读者能赞同并采纳我的建议，我很荣幸；如果有读者持不同意见，我更高兴：不同的看法会使我们的观点更立体、更全面、更客观。

感谢复旦大学出版社一如既往地给予我信任和支持；感谢谢少卿编辑不仅自己是一位优秀琴童家长的楷模，更是不断地给予我灵感和帮助；感谢画家小熊笔下栩栩如生的卡通人物把琴童家长的喜怒哀乐表现得淋漓尽致；感谢所有曾经向我提过问题的家长、老师和孩子们：是你们让我不断思考，不断进步……当然，最需要感谢的依然是我的家人：是你们让我懂得了世界上最好的课堂，其实就在家里。

茅为蕙

目录

预备篇

目录

目录

目录

目录

疑惑篇

目录

目录

坚持篇

目录

目录

目录

目录

预备篇

问题 1　如何在孩子很小的时候就知道他适不适合学习音乐、学习钢琴？

在孩子还没有正式开始学习音乐、学习钢琴之前，任何人都无法预知孩子是否在这方面有着特殊的天赋。先知道孩子在哪一方面有才能，再为孩子做出今后事业上的选择可能是每个家长都想要拥有的“特异功能”，但这在实际生活中并不存在。

每一个家长需要知道的是，当一个小宝宝正式开始学习一项技能，无论这项技能是音乐还是体育或是别的，都需要一个良好和专业的开端，自信和愉悦的心情，祥和与平等的空间。有了良好的开端之后需要的便是专业的训练和共同的坚持，走了一段道路后才会发现孩子到底在哪个领域更有潜力，更有兴趣，更有发展空间。

其实，每一个人都可以去学习音乐、学习钢琴，但未必每一个人都适合成为音乐家或者钢琴家。对每一位琴童而言，既然走上了音乐学习的道路就应该有这个机会、资格和权利来享受其中的过程和其带来的永久的回忆。

问题 2　作为一个准妈妈该如何从胎教开始给宝宝正确的音乐培养？

都说宝宝在没有出生之前便能听到妈妈的声音，也能感觉到妈妈身体的律动，所以许多教育专家们都建议准妈妈在孩子出生之前多为孩子唱歌，而且在唱歌的同时让自己的身体随着歌曲的节奏摆动，让肚子里的孩子感受到旋律和节奏的关系。妈妈的声音是宝宝最初听见的声音，并且能够给他温暖和安全感。作为准妈妈，第一重要的是多为孩子歌唱，第二则是多听音乐。特意去买所谓专门为准妈妈准备的碟片未必有必要，只要准妈妈自己听了这个音乐之后感觉很温馨很喜欢，它的节奏不是太快声音不是太猛，宝宝就会喜欢听。也没有太多必要去参加专门为准妈妈设置的“音乐课程”，只要在平日里多唱、多听、多和小宝宝有节奏地交流便是非常好的胎教了。

至于是不是接受过音乐胎教的孩子出生之后就一定会更加聪明，或者更有音乐的潜质，迄今为止还没有一个科学的研究和客观的依据。不过，孩子如果在妈妈的肚子里就能多听音乐多感受音乐，就算没有什么益处，也绝对没有害处。通过歌声与小宝宝交流该是一幅多么祥和、多么温馨的画面啊！

问题 3　在正式开始学习音乐之前，家庭能为宝宝做些什么准备工作?

在正式开始学习音乐之前，家庭可以为宝宝做的事情有：第一，让音乐(或者更具体地说是古典音乐)在孩子的生活中时常出现，例如开车的时候、吃饭的时候、睡前说故事的时候等等，只要是和孩子在一起的时候，都可以让古典音乐成为轻缓的背景音乐。孩子可能在做自己的事情，未必在认真听，但是只要在他的听觉里，在他的生命中经常能够感受到古典音乐的存在就已经是非常有益的事情了。

第二，爸爸妈妈可以经常把两三岁的小宝宝带到各大琴行和音乐培训中心，向他们介绍各种乐器，让两三岁的孩子知道什么是钢琴，什么是小提琴，什么是大提琴；二胡是什么样子的，长号又是怎样的；什么是弹的，什么是拉的，什么是敲打的，什么是吹的……让小宝宝知道，音乐的大家庭里有各种不同的成员，能够发出不同的声音。

第三，如果可能的话，也可以带两三岁的小宝宝去听听年龄稍微大一点的、学了几年琴的小哥哥小姐姐的小型音乐会，让他们看看小哥哥小姐姐是怎样在舞台上充分表现自己的音乐才艺的，也让小宝宝在心中留下对音乐演奏的最初感受。

总而言之，让钢琴、让音乐、让艺术无所不在地存在于小宝宝的世界中，让音乐贯穿于他对这个世界最开始的印象中。

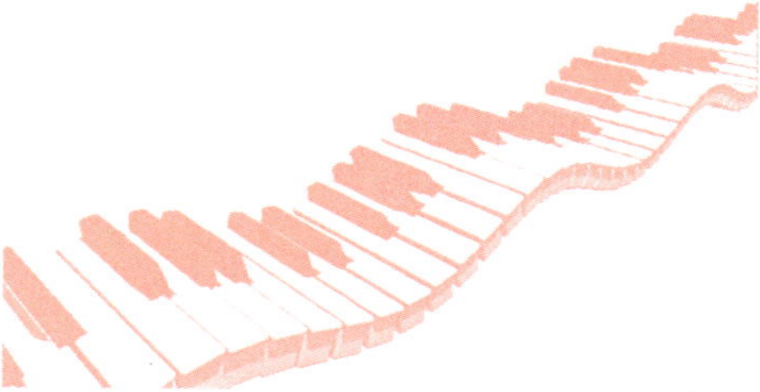

问题 4　现在社会上为两到五岁的孩子准备的儿童音乐集体课程非常多，这些课程到底有没有益处，这样的课程在国外是否也很普遍?

近年来随着对儿童教育或者说是儿童音乐教育的重视，各种学前的儿童集体课程层出不穷，其中非常好的典范还是被公认和接受的。这种课程主要是想通过唱、跳、玩让孩子在不知不觉中学习到音乐的知识。家长一开始可能觉得花钱让孩子去上这种集体课程只是为了让孩子去玩玩儿，活动活动，拍拍手唱唱歌，是不是既浪费钱又浪费时间？但是家长不要心急，这种集体课程的确会给孩子打下良好的音乐基础，因为在唱歌中他们了解了音高，了解了旋律，他们在舞蹈中感觉到了韵律和节奏的快慢，同时，他们在和别的孩子一起唱一起跳的同时，也懂得了如何去听、去合作。这种课程不仅让孩子有了一个集体，可以和别的孩子一起玩一起学习，也会为他今后上一对一的小课打下坚实的基础。

大部分的家长和儿童音乐教育者对这种儿童音乐课

程还是非常认可的，因为从这种课程里毕业出来的“小小音乐家们”会以非常成熟的心态开始他们一对一的小课。这种音乐集体课程是从国外开始的，在欧洲、美国和日本，这种课程都非常盛行，这些国家的家长都非常相信孩子需要跟别的孩子一起学习，孩子需要属于某个集体，一对一的小课对孩子来说比较孤独、比较无聊。所以音乐教育者、欧美家长以及当下大部分的中国家长对于这种形式都是认可并且推荐的。

问题 5 什么样的古典音乐适合给幼小的孩子听?

只要是爸爸妈妈喜欢的音乐，都是适合孩子听的，无论是国外的还是国内的，是古典的还是现代的。一般来讲，就古典音乐而言，适合孩子听的有这样几个前提条件：第一，乐曲的速度要比较适中，不会太慢也不会太快，音量上也要比较平和，太轻的会让孩子觉得有些无趣，太响的会让孩子感到难以接受；第二，乐曲的旋律和节奏要比较规整，非常有名的当然是贝多芬或者莫扎特的交响乐、肖邦的钢琴曲、舒伯特的歌曲，包括我们中国的许多民歌或者民乐合奏、合唱，这些都很适合孩子来听。

不过，我不建议家长花钱去买一些市场上专门为孩子编辑的古典音乐，现在网络上有各种渠道可以下载自己喜欢听的音乐，无论是重奏、交响乐、管弦乐或者合唱作品，孩子都可以接触。未必需要孩子刻意地去“听懂”，去“学习”，家长也不必试图去解释这些音乐形式之间的区别，只要让孩子知道有这些不同的音乐形式存在就足够了。总的来说，没有一个作曲家或者一种类型的乐曲是孩子必须去听或不可以去听的；只要是全家都喜欢的，孩子都可以去了解和接触。

问题 6 听说孩子听莫扎特的音乐会变得聪明，确有其事吗？

在 90 年代，有科学家提出“莫扎特效应”这一概念，他们发现在孩子做功课的时候，旁边若播放着莫扎特的音乐，他完成功课的效率会比较高，而且会比较快。听莫扎特的音乐到底会不会让孩子的精神更加集中或者让孩子变得更加聪明？这未必有充足的科学依据，但是莫扎特的音乐的确特别优美、动人、耐听和有旋律性，它的调性、它的和声都特别符合人类听觉感官的审美。虽然莫扎特是 18 世纪的音乐家，可是他的作品经久不衰，在现代社会里也依然为许多人所喜欢，它们能够给听者向上的、温暖的正能量，让人们内心充满幸福，脸上流露出阳光明媚的微笑。所以，无论莫扎特的音乐会不会让孩子变得更加聪明，它们都是中外所有家庭和音乐教育者们给孩子听音乐时的首选。

问题 7 有的家长会买玩具键盘、玩具小提琴之类的乐器玩具给孩子进行“音乐启蒙”，这有必要吗？

这些既然是玩具，那么它们的功能便只是“玩”。它们也许有着钢琴的黑白键、小提琴的四根弦或者一些其他乐器的形状，可归根到底它们只是玩具而已。玩具的种类里还有许多厨房用具、医疗用具，例如小炒锅、小听诊器之类的，孩子们玩了这些却不等于以后就会做厨师或者做医生，对于乐器玩具也是如此。孩子当然可以玩这些玩具，但是显而易见，家长们不能指望通过玩具钢琴得到任何音高或手型的训练。

如果孩子曾经拥有过一个玩具钢琴，那么当他看到一个正式的钢琴时或许会想起钢琴有黑键、白键，想起自己曾经看见过类似的东西，乐器玩具在这个时候会起到一个联想的功能。但是一般乐器玩具的尺寸、音高等都和正式的乐器有很大的区别，孩子的第一堂音乐课不可能从一个乐器玩具开始，不过第一次介绍音乐可以通过乐器玩具来引发。

问题 8　家长不懂音乐甚至是五音不全的音盲，是否会在孩子学习音乐的道路上拖孩子后腿？

当代中国，其实大部分的家长对音乐都不是很熟悉，许多 80 后的家长小时候都没有学过音乐，家长是“音盲”这种情况并非个别现象，而是非常普遍的。全民学习钢琴是近 20 年才在中国盛行起来的，这其中包含着大家对美好生活的向往和对艺术教育的迫切需要，同时也基于经济实力的迅速提高。即便家长对音乐一窍不通，只要有一颗愿意学习的心就能够在孩子的音乐教育方面成为非常称职、非常可爱的家长，绝对不会拖后腿。有些家长拖孩子后腿，他们的问题不在于他们是否是音盲上，而在于是不是“教盲”上，对教育无知、对儿童心理无知的家长才会拖孩子后腿，而且不仅仅会拖孩子学习音乐的后腿，还会拖孩子所接受的其他教育的后腿。

如果家长唱歌五音不全，什么乐器也不会，对古典音乐全然不懂，甚至于对古典音乐并不是很喜欢，这些都不会妨碍他们成为好家长。对于音盲家长而言，最重要的是要有积极接受新鲜事物的心态，并能和孩子一起做好学习音乐、学习钢琴之前的各种心理准备。

家长们经常会问我："为什么我家孩子这么喜欢你？"其实熟知我的好友都知道，我既不是"孩子王"，更不是"孩子控"，我只是懂得尊重孩子。何为尊重？就是懂得聆听孩子的心声，了解孩子的性格，挖掘孩子的潜力，接受他们的局限，留给他们必要的空间，更给予他们应有的话语权。

@茅为蕙　新浪微博

问题9　家长幼时没有机会学习音乐、学习钢琴，现在寄希望于孩子来圆自己的梦，这是否合理?

人们时常会听到这样的说法——“我小时候没有学琴，我希望孩子能够圆我的梦，既然我不会弹，我就希望孩子能够弹得一手好琴。”大人希望孩子圆自己的梦可能不仅仅只体现在音乐方面，每个人都会有自己的遗憾，每个人都会设想自己小时候应该做这个应该做那个，结果没有做成，有了儿子或者女儿之后就会希望孩子能够圆自己没有实现或者根本就没有机会去开始的梦想。

家长需要明确的一点是：人和人是不一样的，大人的遗憾并不是孩子的遗憾。80后家长们小时候的成长环境和现在孩子的成长环境很不一样，那个时候的学习条件和现在也迥然不同。家长让孩子圆自己的梦这个意愿和心境是可以理解的，也是无可厚非的，但孩子若是不感兴趣，这也不是他们的错！所以在孩子对于圆家长的梦表示“这是你的梦并不是我的梦”的时候，家长也需要给予充分的理解，并且尊重孩子的选择。现在各方面的条件都非常好，家长可以提供平台让孩子接触各种不同的领域，而自己童年时的梦想是否能在孩子身上实现其实并不重要。每个孩子都应该有属于他自己的梦，千万不要为了让孩子圆自己的梦，而让属于他自己的梦想成为遗憾。

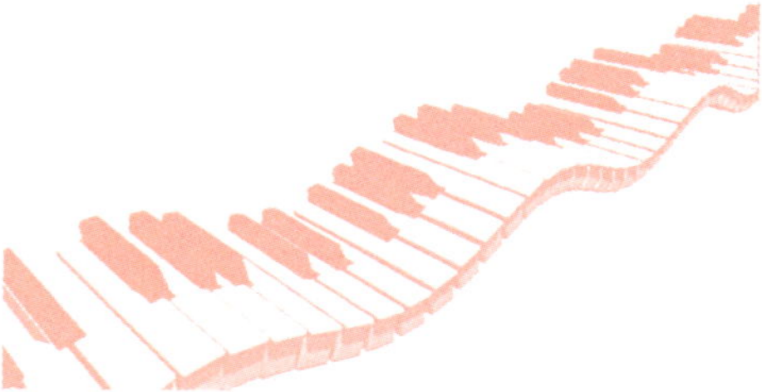

问题 10 两岁的小宝宝一听到音乐就手舞足蹈还跟着唱，这是不是音乐天赋的表现？

孩子和孩子之间性格上自然会有很多不同：有的孩子好动，有的孩子安静，有的孩子听到音乐后会跟着一起唱、跟着一起跳，而有的孩子听到音乐却好像无动于衷。有的小宝宝的确一听到音乐就会有很强烈的反应：跟着音乐跳舞，音乐快他跳得也快，音乐慢他跳得也慢；有时候还会跟着音乐哼唱，有时候音高听着还挺准……家长们这个时候心里都会很开心，认为这是自己孩子富有音乐天赋的表现。其实，这些“可爱的”行为都不应被盲目判断为音乐上的天赋，这些只能证明：第一，孩子不排斥音乐；第二，孩子的性格非常开朗、活泼；第三，孩子对音高、对节奏比较敏感。这些现象都是非常好的，但还不足以成为孩子以后必须学习音乐、必须成为钢琴家的理由，仅凭这些现象就断下结论还为时过早。同样，如果一个孩子听到音乐后没有动、没有跳、没有唱，也不能证明这个孩子以后就不能学钢琴，或是说以后不可能在音乐上有所成就。所以，小宝宝在听到音乐后的反应只能说明孩子的性格，仅此而已，而不能把它作为孩子以后能否学习音乐的一个重要因素来对待。

“我家两岁的宝宝听到音乐就又扭又跳，还跟着唱，这是不是说明宝宝有音乐天赋？”“很高兴你有一个活泼热情、可爱好动的小宝宝！但是爱听音乐和富有音乐天赋是截然不同的两码事儿；现在我们只能庆幸孩子对音乐不反感，但请不要神话这种‘不反感’。”

@茅为蕙 新浪微博

问题 11 我的儿子非常调皮，能否通过学习钢琴来“修身养性”？

遗憾地说，学习钢琴并不是改变孩子多动的一副良药。如果孩子的本性非常爱动、“坐不住”，他是不会因为弹钢琴而变得“坐得住”的。弹钢琴和画画、搭积木、做手工、下棋一样，都只是一种行为而已，家长可能想通过这些行为的培养来锻炼孩子的耐心和耐力，但钢琴或者音乐本身并不具备改变孩子性格的功能。

如果一个四五岁的孩子仍然处于非常好动的阶段，那么家长的确需要再多给孩子一些准备的时间，不要给予孩子太大的压力，更不能急于求成地希望孩子好动的性格能在一堂钢琴课后得到改变。随着孩子的年龄不断增长，心态逐渐成熟，他自然会迎来坐在钢琴前定心练琴的那一天。男孩开始学习钢琴的时间普遍比女孩晚一些，那是因为四岁左右的女孩大部分要比同龄的男孩更老成，更沉稳，更能坐得住！

问题 12 能否通过孩子的手形，如手掌的大小、手指的长短来判断他今后能否成为钢琴家？

很多家长会在孩子学琴之前或是之初试图通过孩子的手形来判断他适不适合学琴、可不可以学琴。弹钢琴的人是不是需要一双与众不同的奇特的手？弹钢琴对手确实有一定的要求，例如小指要稍微长一点，最好能够达到四指的第二关节；手指太细太粗太短太长都不好；手指之间的张力最好要大一些；手指尽量能够分得开一些……确实，有的手非常适合弹琴，有的手可能没有这么适合，不过，孩子双手的先天条件在学习钢琴中扮演的角色并没有家长们想象的那么重要，因为孩子在四五岁的时候手还非常小，也还没有定型，手形会随着每天的钢琴练习而改变。双手的形状、手指的长短和弹钢琴之间是互为因果的关系，如果去看一个练琴多年的钢琴家的手，会发现其手形跟普通人明显不同，但很难断定是因为他有一双“弹钢琴的手”才弹了这么多年的钢琴，还是因为他弹了这么多年的钢琴才造就了这样一双“弹钢琴的手”。

如果一个人的手确实很小，小指也很短，跨度也很窄，那么可能他以后没有机会成为一个职业钢琴家。但这绝不会妨碍他学习钢琴、享受钢琴。他一定能找到许多适合他手形的乐曲来演奏，成为一个真正的音乐爱好者。

【琴童家长的三大误区】1.过早揣测孩子是否有“音乐天赋”：必须先“学”，才有可能“学好”，手大、爱唱、会跳、能扭之类的特点，都不属于音乐天赋；2.很多父母会问孩子：“你准备好学钢琴了吗？”其实更应该问自己：“我准备好让孩子学钢琴了吗？”3.学得不顺利就认为孩子有问题，其实孩子的问题都不在孩子自己。

@茅为蕙　新浪微博

问题 13 几岁是孩子开始学琴的最佳年龄?

如果这个问题在谷歌上用英文搜索的话,会看到很多国外的专家回答说是六七岁;如果这个问题是在百度上用中文搜索的话,则会看到许多中国家长和老师回答是四岁甚至是三岁。造成这种不同的原因在于:中国人在学习和教育方面自古有着非常严肃认真的态度,一旦孩子走上学琴的道路,家长还是希望他可以更专业一点,要是孩子以后能够成为著名钢琴演奏家那是最好不过了;但是外国人让孩子学琴的动机可能就只是为了提高孩子的修养,一个外国的孩子可能会在礼拜一打棒球,礼拜二游泳,礼拜四学习钢琴……对于学习钢琴的期望值,中外家庭从一开始就很不一样。

倘若去看钢琴家的简历的话,会发现他们中许多都是从四岁开始学习钢琴的,因为四到六岁的确是培养孩子手指机能的最佳时机。对于不同性别的孩子而言,女孩子可以从四岁开始尝试学琴,男孩子可能要到五岁,四岁和五岁是以后可能成为职业钢琴家的最好的开始学琴的年龄，但是这不等于从六岁、七岁开始学琴的孩子就没有可能成为一名职业钢琴家。从国内现状来看，很多孩子三岁就开始学琴，这是偏早了的，这个年龄的孩子还是更加适合儿童集体音乐课程，适合在玩的过程中学习音乐、感知音乐。对于一周上一次课、每天练琴做功课这样一对一的钢琴课程，四岁是最早的年龄，不宜再早了。而八岁甚至十岁开始学琴也不是不可以，虽然今后成为职业钢琴家的几率比较小，但丝毫不会影响他对音乐的热爱和音乐可能给他带来的幸福和享受。

问题 14 如何知道孩子是否已做好上一对一的钢琴小课的准备了?

爸爸妈妈们可以做一个这样的考查:仔细注意一下孩子能不能安安静静地花三十分钟坐在桌子前做一件如搭积木、画画、做手工或拼图这样需要手、眼、脑并用,而且是有一定创造性的事情(注:不包括玩 iPad、看卡通等等)。如果在这三十分钟内孩子可以独立完成一项有创造性的工作,不轻易受外界的干扰,不总是要求离开,也不一直依赖着大人,那么这一切证明可以让孩子开始尝试一对一的钢琴小课了。如果孩子在两岁到四岁期间参加了儿童集体音乐课程的话,那么当他结束了集体课程之后便可以自然地过渡到一对一的小课当中。

孩子成熟的节奏、时机会因为自身的性格和生活的环境而大大不同。千万不要把自己的孩子和其他同龄孩子做比较,允许每一个人拥有自己的成长方式和成长节奏!

问题15 孩子准备学习音乐，钢琴是不是唯一可以选择的乐器？

钢琴并不是学习乐器的唯一选择，但对于四五岁初学音乐的孩子而言，它应该是最佳的选择。首先，四五岁的孩子可以学习的乐器并不多，他们还没有足够的力量去学习铜管乐器和打击乐器。从西方乐器来讲，四五岁的孩子可以学习的乐器无非就是钢琴、小提琴和大提琴，而学习小提琴、大提琴的话孩子也只能使用儿童版的琴。其次，钢琴是固定音高的，弦乐器不是，对于孩子而言学习弦乐还是比较困难的。同时，从演奏姿势来看，弹奏钢琴时身体的姿势比其他乐器更自然、更舒适。最后，钢琴是所有乐器的基础，无论以后是不是会学习其他乐器、作曲、演唱、指挥、音乐教育等等，钢琴都是一个非常重要的基础。总而言之，无论孩子今后的意向是往哪一个音乐领域发展，从学习钢琴开始总是一个最正确和基础的开端。

问题 16 有没有两种乐器一起开始学习的可能和必要?

非常不建议让孩子两种乐器一起开始学,就像如果学习外语的话,孩子也不应该英文和德文从同一天开始学!它们也许不会互相矛盾但是不可避免地会互相干扰,这会让孩子十分困惑和纠结。

如果家长或者老师真的十分希望孩子以后不止擅长一种乐器的话,那么也要分先后、有主次地去学习。同时开始学习两种乐器是十分不合理、不人道,也不必要的。孩子每天的时间和精力都很有限,希望学一样就精致地、有效地、细腻地学!如果孩子的学习压力太大,这在影响学习效率的同时还会影响到孩子学习的积极性和自信心。不过,如果真的想让孩子今后能掌握两种或更多种乐器的话,建议先从钢琴开始,经过两三年打下良好的钢琴基础之后再开始另一种乐器的学习。

问题 17 孩子八岁才开始想要学习钢琴，是否已经太晚？

每一个人在任何时候都可以去学习一项新的技能，只要用心去学习、能在学习中享受到乐趣，就不会有“太晚”这一说。

如果孩子在八九岁才开始学琴，这与四五岁便开始当然有着很大的不同。他们之间有着很不一样的接受音乐教育或者钢琴教育的启蒙状态。八九岁孩子的手指应变能力没有四五岁的孩子那么强，以后手指功夫会没有四五岁就开始弹钢琴的孩子扎实，但他对音乐和对钢琴的理解和接受能力会远远超过四五岁的孩子；四五岁的孩子很难接受的音乐知识，诸如五线谱等在八九岁的孩子那里会变得容易很多。所以，因为有着更强的学习能力，八九岁的孩子学习进程也会更快。

虽然学习钢琴不会存在“太晚”的问题，如果真的是十岁或者十二岁以后开始学琴，以后做职业钢琴家的几率肯定会小一些，不过这也不证明以后他没有可能成为很好的音乐人。正如，从小就开始训练基本功对于一名职业体育运动员很重要，但这却不代表年龄比较大才开始体育训练就不能成为一名运动健将或运动爱好者。

很多琴童，固然在很小的年龄就表现出较为出色的天赋，其父母也不可能预料和断言这位琴童的未来就一定是钢琴家或提琴家。所以无论这位天才多么有“天才”，也应全面培养，不应孤注一掷。家长让孩子多学一门艺术，就是为孩子多开启一道门，而不是把其他的门都关了。

@茅为蕙 新浪微博

问题 18　能带孩子到音乐厅欣赏古典音乐的音乐会吗?

如果孩子才三四岁,不建议家长带他们去正式的音乐厅或者大剧院去听古典音乐的音乐会。交响乐也好,钢琴或者小提琴独奏也好,正式的古典音乐会都需要观众保持绝对的安静,不能有一丁点儿的声音。家长或者其他的陪同人员是很难去控制一个幼小的孩子安安静静地聆听完一整场的音乐会的。在两三个小时内不动也不出声对于一个幼童来说是一件非常困难和几乎不可能的事情。

许多国外以及国内比较大的城市的音乐厅往往会对能够入场的儿童有所限制,例如上海大剧院是谢绝一米二以下的儿童入场的。但还是有许多地方是没有这个规定的,家长在这个时候就要充分考虑孩子是否真的能坐得住。如果孩子可以坐得住的话,那么还是要建议:第一,买票的时候尽量买最后一排或者其他比较方便离场的座位,在演出过程中孩子一旦出现状况,家长便可以尽快带着孩子离开而不干扰到其他观众。第二，家长可以让幼小的孩子先接触一些不那么专业、要求不是很严格的音乐会活动，例如学校举办的学生音乐会，或者弹琴的小哥哥小姐姐的演奏会；大人可以在这样的活动中慢慢培养孩子听音乐会的素养。

如果真的想熏陶孩子，让孩子能够听完整场的专业音乐会，不如先尝试买碟片在家欣赏。总之，在没有充分的思想准备和信心的情况下，不要随意带孩子走进音乐厅。

问题 19　父母并不希望孩子以音乐为专业道路，是不是因此就可以比较宽松地对待学习钢琴这件事情？

首先，提出这个问题本身的思路就有问题。当孩子四五岁刚开始学琴时，父母或者任何其他人都是没有能力也没有资格来断言孩子以后是走还是不走音乐这条道路。理由很简单：未来没有人能知道！

在任何学习之初，未来一切都只是个未知数，父母无法决定孩子以后做或者不做什么，只能让孩子在不同的领域去尝试。在开始学琴的时候就想着“我们只是玩玩，随便学学”的话，这很有可能是在埋没一个非常好的音乐苗子，以后也许会成为一名优秀钢琴家的孩子很可能就是因为家长这样片面和武断的想法而失去了机会。无论学什么，孩子都应该勇于去尝试和探索，家长应该做的是启发、引导和尽可能地为孩子提供良好和专业的教育。一旦开始学习某种技能，就需要用一种认真、专业、自信的态度去对待。只有在走了一段学习之路以后，孩子和家长才有机会和经验来共同判断，看看今后的路该如何走，又该如何越走越好！

问题 20　如何培养孩子的音乐天赋?

家长们会经常提及这个问题，首先，这是一个非常矛盾的问题——既然是“天赋”，那么就不应该是被培养的，当然也不能够去培养。天赋应该是自发的，是与生俱来的，是孩子出生时便接受到的造物主的礼物，而不应是后天形成的。在孩子出生以后，家长和其他人需要做的是去发现与挖掘孩子身上的天赋，这种天赋可能会出现在音乐领域，也可能出现在绘画、数学、文学等其他领域，成年人应该去细心观察、用心引导，不要忽视与埋没了孩子的天赋。

其次，对于什么是音乐天赋、什么是音乐天才，本身就没有一个科学的标准，从古至今有那么多人从事音乐，当说到音乐天才时只有一个人会被提及，他就是莫扎特。莫扎特七岁开始写交响乐，九岁就开始写歌剧，那是不是只有像莫扎特这样聪明才算得上是有音乐天赋呢?

音乐天赋有就是有，没有就是没有，有天赋也不等于孩子这辈子必定成功或者必须成功，而没有天赋也不意味着注定要失败。家长在孩子现有的基础上给予启发、创造机会，这就足够了。

【家长们，请敢于对钢琴老师说No】当老师说您的孩子刚学两年就可以考八级时，说No；当老师说您的孩子“有才”所以要天天上课时，说No；当您希望孩子在假期里进行一次旅行但老师却要加课时，说No；当老师过于频繁地带孩子参加各种不专业、不公平的比赛时，说No；当老师诱惑您用高价买一台劣质钢琴时，说No！

@茅为蕙　新浪微博

开始篇

问题 21 现今，琴童上课大致分为三种，去培训中心、去老师家里以及请老师上门，哪一种最为理想？

去培训中心学习可以说是这三种方式中的上策，去老师家里上钢琴课也在可接受范围之内，但请老师上门这种方式如果不是实在迫不得已的话，还是希望家长们慎重考虑。

去学校也就是培训中心上课是最好的，这是因为学校有着良好的氛围，孩子们可以跟其他孩子一起学习，学校里平时也都会有一些可以让孩子们参加的音乐会或者其他的活动，这些会让孩子觉得自己属于一个群体。同时，学校里会有比较多的钢琴教员，小朋友和家长的选择也可以多一些。

很多在老师家学琴的学生即便已经上了两三年甚至更长时间的课，也没有可以上台表演的机会，因为在家里教学的老师很多时候都没有让孩子公开表演的平台。如果家长经过了解认定了某一个较有名望的钢琴老师，而这个老师也可以经常组织一些公开课或者演出让孩子可以多多参与的话，那么这也可以成为一种比较好的学习形式。

请老师上门来教孩子是专家最不建议的学琴方式。老师上门总是客，与之相对孩子永远是家里的主人，在这种时候孩子对待上课、对待老师的敬意往往是不足的。学习前的准备可能就会不够充分，学习过程中也常常会不那么认真、不那么珍惜。所以，请老师上门看似可以省去许多事情，节约很多时间，但是久而久之会发现事与愿违，孩子进步非常缓慢，学习效果不如人意。

问题 22　让孩子在幼儿园开设的钢琴班里学琴，这种学习方法可不可取？

幼儿园里开设钢琴学习班，孩子在幼儿园里既学琴又练琴是这几年经常听闻的新现象。其实，音乐是一个比较独特的、专业性比较强的学科，正式的音乐启蒙可不可以从幼儿园里开始是一个很值得商榷的问题。幼儿园的音乐老师也许有着许多爱心和耐心，但他们的音乐素养和钢琴水平往往不尽人意；除非家长可以确定这个幼儿园里有着非常优秀、非常专业、非常有经验的幼儿钢琴启蒙教师，否则不要轻易将孩子放在幼儿园开始钢琴的启蒙学习。

在老师的水平之外还有一个问题，幼儿园不像专门的音乐学校有许多间教室、许多架钢琴，它常常只有一个教室、一架钢琴或电子琴，钢琴课常常是几个孩子一起上。所以，一般情况下，在幼儿园学琴的孩子往往花费的时间不少，可收效却甚微；学了一两年之后能够准确演奏的曲目很少，手型、演奏的方式都存在着一些缺陷。这等于走了许多弯路，浪费了许多时间。

在幼儿园学琴也不是不可以，不过家长一定要做许多准备工作，做非常具体的调查研究。如果对幼儿园的某一位钢琴老师是真的喜欢和信任，想让孩子拜其为师也未尝不可，但前提不应该是单一的为了省事、寻求方便。

"请老师到家里来上课好不好？""请尽量避免！来的总是客；人一走茶就凉，老师一走激情自然也会淡。我第一赞成去学校或培训中心学习，第二赞成去老师家上课，最不鼓励的就是老师上门上课。请不要告诉我老师上门家长可以省力，既然做了家长就要有一辈子'不再省力'的准备！"

@茅为蕙　新浪微博

问题 23　如何选择一位优秀称职的钢琴启蒙老师?

不仅仅是钢琴教育,在任何的领域内,启蒙老师都有着举足轻重的地位,很多时候喜不喜欢做一件事情、对某种职业会不会萌发出追求的热情和动力、想成为什么不想成为什么,很大程度上取决于孩子在这个领域内的领路人也就是启蒙老师。我们经常会听到孩子说“我喜欢我的数学老师,我以后想做个数学家”或者“我不想上语文课,因为我不喜欢我的语文老师”这样的话,所以,很多时候老师的性格、为人决定了孩子对这份事业的爱好与否以及能否坚持下去。

既然启蒙老师这么重要,那么怎样为孩子挑选钢琴启蒙老师呢?以下几个方面应该是率先被考虑的:第一,老师必须和孩子非常投缘,他的笑容、他的声音、他的行为举止以及为人一定是家长和孩子都接受且喜欢的。第二,启蒙老师必须拥有满满的耐心和爱心,当然最好还有许多的教学经验。是不是一个称职的钢琴老师不在于他的学历有多高，不在于他的演奏生涯有多辉煌，而在于他对于孩子是不是认真、是不是负责，在于他是不是真正热爱钢琴教育这份事业。第三，可以带孩子去培训中心看一下钢琴老师，家长可以事先圈定一个可供选择的范围，有时候孩子的理由可能很无厘头："我喜欢吴老师，因为她头发长""我喜欢李老师，因为她漂亮""我喜欢林老师，因为他是个男老师，而我是个男孩子"……但是，孩子往往会对自己的选择负责，而且只有孩子喜欢他的钢琴老师，他才会愿意每周去见他，才可以带着轻松愉悦的心情去上课。

问题 24 孩子喜欢年纪较轻的老师，家长却喜欢比较年长又有经验的老师，如何从中抉择？

在选择什么样的老师这一问题上，家长和孩子常常无法取得一致，这也是可以理解的：家长想要有经验的年长老师，似乎这样孩子才能学到更多东西，而孩子则喜欢年轻老师，因为年轻老师通常让孩子觉得比较容易亲近，让钢琴课变得更加“好玩”。

走进一个培训中心为孩子挑选钢琴老师的时候，家长能够得到的每个老师的信息都是有限并且片面的，一般情况下只能听听老师的课看看老师的简历，剩下的大概便只能凭借猜测了。当家长因某个老师年长有经验而看中了他，而孩子却不是那么喜欢的话，家长可以尝试和别的琴童家长交流一下以得到更多的有关这位老师的信息，或者多去听听这个老师的课再做决定。当家长和孩子对于选择哪一位钢琴老师实在是“势不两立”的时候，有一点家长必须认识到，那就是代沟的存在，家长可能会觉得自己还比较年轻，可是跟孩子相比，年龄以及生活经验上的差距确实是不得不承认的。所以，尽量还是尊重孩子的选择，年轻老师的为人、授课方法以及行为举止可能真的是孩子更加喜欢的。启蒙老师如果年龄太大，虽然他的经验可能有四五十年，但是授课方式、语言运用都会让现在的孩子觉得太过疏远，无法亲近。作为一个音乐教育者，还是希望年幼的孩子接触到年轻阳光的老师，而这并不是排斥通常家长所欣赏的年长的老师，他们可以成为孩子学习第二阶段的非常优秀的钢琴老师。

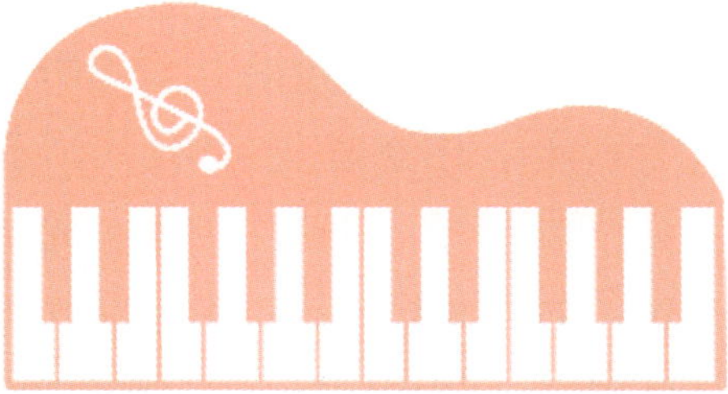

问题 25 需要在钢琴课开始的同时就买钢琴吗？

如果每周一次的一对一钢琴课已经正式开始了的话，那么在家里为孩子准备一架钢琴便是必要的也是必须的。每周的钢琴课结束之后老师都会布置功课，这需要孩子每天练习，而孩子每天在家里的时间是最多的，所以买一架钢琴应该是在一对一的钢琴课开始之前或者与之同步。

很多家长都会在孩子学琴之初有这样的想法——先看看孩子能不能学好钢琴，若是孩子学得还不错的话再给孩子买一架钢琴。这是一个错误的想法，因为如果家里没有一架钢琴的话，孩子就没有机会拥有很多时间去练琴，而每周若是只能在学校、在老师那里练琴的话，是无法真正在钢琴演奏上学得专业，学得优秀，学得长远的。想让孩子在钢琴演奏上有所造诣再买琴，但没有琴练又不可能有所造诣，这不是自相矛盾吗？

孩子在自己家中的时间是最多的，能让孩子时时刻刻触碰到钢琴，把这个乐器当成家庭成员之一，才是一个最温馨的良好开端。

【孩子边学钢琴，边学做人】1.让孩子懂得护爱家中和学校的钢琴，保持清洁；2.上下课时琴谱自己拿；3.参加音乐会时，懂得在恰当时间给予别人安静、掌声和赞扬；4.当别人给予自己称赞时，懂得表示感谢；5.永远不当着同学的面评论自己或他人的老师；6.对自己充满自信，但不可体现在语言上，只在行动中！

@茅为蕙　新浪微博

问题 26 如果准备买钢琴，买什么样的钢琴更合适？

目前国内的钢琴市场还比较混乱，钢琴的品牌特别多，质量也特别杂！钢琴和别的奢侈品一样：贵的未必好，但好的一定贵。面对这样的情况，家长为孩子买琴确实会比较为难。

在家庭经济条件允许的情况下，还是要尽量给孩子买一架口碑比较好、能够长久使用的钢琴。好的琴虽然比较贵，但它拥有更好的触感、音色和更长的使用寿命。如果音色优美，触键均衡，质量可靠，还美观大方，则是最佳选择。这当然也不是要求经济条件一般的家庭想尽办法为孩子买一架昂贵的琴，无论如何，只要家长尽力了，孩子都会受益，也会珍惜。只是希望家长在买琴这件事情上不要吝啬，在家庭经济条件允许的情况下尽量买好一点的琴。所有的钢琴家和钢琴老师都不会希望看见妈妈的包比孩子的琴还要贵。

问题 27　在孩子开始学习钢琴之前，父母是否应该先学着弹？

家长如果有这个兴趣的话绝对是一件应该支持的事情。在孩子学琴的过程中，家长如果能够和孩子一起弹奏一首曲子的话，可以给孩子带来很大的动力和乐趣。但家长并没有必要在孩子学琴之前自己先花钱去上课，也没必要等自己有了一定的基础之后再让宝宝去学琴。若是家长能够从孩子学琴的第一天起，就和孩子一起成长一起学习的话，以旁听者的身份家长就可以学到一些必要的知识，并且能够在孩子学琴的过程中帮助到孩子。在这样的过程中，家长也更加能够感知到孩子的学习状态，分享孩子在钢琴学习中的喜悦、痛苦、焦虑以及其他一切情感。

虽然没有必要在孩子学琴之前先去学琴，但是家长一定要抱着和孩子一起学习的心态和欲望，积极参与到孩子学琴的过程之中，不要单纯做一个旁观者或者监督者。与孩子一起学，一起进步，一起出错再一起纠正，乃是给予孩子最大的鼓舞和帮助。

问题28 电子琴可不可以成为钢琴的替代品，或者作为钢琴课正式开始之前的过渡乐器？

虽然都是键盘乐器，但是电子琴就是电子琴，钢琴就是钢琴，它们在音乐世界里的角色与功能各有不同。

有的家长会问："先学习电子琴，打好基础再转学钢琴这个方法好吗？"答案当然不是绝对的否定，但这条路很可能在无形中变成一条弯路。一架普通的电子琴和钢琴最大的不同在于触键上的区别；弹电子琴时，就算手指下键的力气大不相同，产生的音量却没有丝毫变化。相反，钢琴琴键却非常敏感，对手指的力量要求极高。很多学了多年电子琴的孩子转到钢琴之后会发现他们手指无力，这正是电子琴的最大的弊端。当然，现在有许多非常相似于钢琴的电子钢琴，有着和钢琴琴键一样的轻响区别，但这种电子钢琴的成本往往不比钢琴低。

所以，无论是从学习的角度还是从经济的角度都不建议孩子先学习电子琴再转学钢琴。电子琴不是钢琴的替代品，更不是钢琴的过渡期。

问题 29　父母应该为孩子第一堂钢琴课做些什么准备？

孩子的第一堂钢琴课和他们第一天上幼儿园或者第一天上小学一样，是孩子生活中的一个新的起点，新的里程碑。

第一，要抱有一种非常阳光、充满正能量的心态；家长应该多鼓励孩子去迎接新事物，而不是在一开始就给孩子施加压力，说一些类似于“你一定要好好学啊，不要浪费爸爸妈妈的钱”或者“你三个月要赶上×××”这样的话。学习钢琴不应是一项充满压迫感的任务，而应该是让整个家庭都充满愉悦和自豪的事情。第二，从第一堂课开始，就要让孩子树立认真的学习态度，养成良好的学习习惯，第一节课要早早做好准备，不要迟到；剪好指甲，有礼貌地来到教室。从第二或者第三节课开始，小朋友可能就有书啦，会有一本小琴谱，上课之前让孩子自己整理琴谱，自己背着书包，琴谱一定要自己拿！

这些都是为了让孩子在学琴之初便愿意走近钢琴，

对这个乐器充满好奇、期待和亲近感。钢琴课应该既是学习的时间，又是创造的过程。在钢琴课里孩子们应该得到的除了必要的音乐知识以外，更应该是温馨、享受、笑容和美好的回忆。

当孩子初学一门乐器，有的家长一心希望孩子今后能走上专业道路，也有的只希望孩子玩玩儿，业余学习即可。其实两种心态都是错误的，因为家长并没有这个能力、权利和资格来为孩子做这个决定。只有让孩子先自信、认真、快乐地大步往前走，等走了一程之后方可知道他能走多好、多久、多远。

@茅为蕙　新浪微博

问题 30　孩子上钢琴课时父母可不可以在教室里陪伴？

孩子刚刚开始上钢琴课，对这样的课堂环境还很不熟悉，而且幼小的孩子对陌生环境会有种本能的抗拒，对老师讲的知识也不可能完全理解并记住，这个时候最好有家长陪在身边。但是这要得到老师的允许，因为不同的老师可能对家长从旁陪伴会有不同的态度，有的老师可能不希望家长陪伴，这个时候只能站在外面静静地听，而有的老师则要求家长陪。所以，第一节课的时候首先就要问老师，家长可不可以在教室中陪伴，若是可以陪伴的话则要询问可不可以记录，以什么样的形式记录，如录音、录像或是别的方式。

当然，家长的陪伴应该处于一种逐渐隐退的过程中，尤其是当孩子拥有独立上课、独立和老师交流的能力，可以很好地整理自己在课堂上学习到的知识以及课后的功课之后。家长可以从每节课的陪伴过渡到有选择性的陪伴，从陪伴上课过渡到课前课后接孩子的时候和他交流钢琴课学习到的知识、老师说的话、课堂上发生的趣事以及跟钢琴课有关的一切。

“听琴声，懂心声”：琴童演奏时没有情感＝音乐的内容没有得到理解；音色过于强硬＝缺乏想像力的启发；过于微弱＝需要加强手指力量的锻炼；停顿过多＝读谱时急于求成；越弹越快＝觉得不好听啦？越弹越慢＝曲目太难啦？节奏不稳＝孩子是不是从未跟着音乐舞动过？若以上阐述的问题老师从未提起过：该换老师了。

@茅为蕙　新浪微博

问题 31 如果陪伴，家长在教室里应该做什么，不该做什么？

如果老师同意家长听课，那么家长一定要谨记自己在教室里的身份：旁观者加旁听者，既不是助教，更不是陪练！

第一，保持安静，不要随意说话、走动，老师问孩子问题时不要替孩子回答，更不可以找机会替孩子“申冤”“争辩”，或替老师“教训”孩子，所有的问题都要让孩子自己去解决。除非老师提问的对象是家长，否则整堂课一定要保持绝对安静。

第二，坐得尽量离孩子和老师远一点，最好是坐在教室的某个角落，只要能看见孩子的手，能观察到孩子上课的情形就足够了。虽然人在教室里，但要尽量做到不让老师和孩子感觉到自己的存在。

第三，在老师允许的情况下做记录，记录下孩子今天的学习情况。至于是不是可以录音录像，更是要事先得到老师的允许。

如果家长看到孩子一有错误就管不住自己的急躁脾气去教训孩子，或者看到老师对待孩子稍微严格一点就忍不住心疼孩子而跟老师有所冲突的话，那么还请自觉自愿地在教室外面等候孩子。请记住："忍不住"是家长自身的缺陷，不要影响到孩子的学习。

琴童家长陪练时的三大忌讳：1. 忌喊叫：您的声音不如琴声好听；2. 忌打断：即使发现错误，也请在孩子把一曲弹完之后进行指导；3. 忌贬低：不要骂孩子："你怎么还不会？"您不是也不会吗？

@茅为蕙　新浪微博

问题 32 初学琴童是否每天都需要练琴，练琴时间是否需要固定?

当孩子开始了第一堂钢琴课，就意味着每天要练琴了！

孩子开始学习钢琴后，在这一周的钢琴课和下一周的钢琴课之间有必须要完成的功课，这就意味着每天都需要练习，每天都应该进步。练琴当然会使得课余的时间变得更加忙碌，周末变得不再完整，假期也会变得无法尽兴。但是，这就跟孩子开始上学后每天要做功课一样，都是必须要经历的一个学习过程。

初学琴童练琴可以从每天二十或三十分钟开始，包括一个五分钟的休息时间。练琴的时间每天尽量做到雷打不动：开始的时间、结束的时间以及总体时间的长短尽量要固定。家长们需要在一天里为孩子寻找到一个最适合孩子练琴的时间，制定好学习计划。如果想练就练、不想练就不练的话，那么一定会发现不想练的时间会越来越多；如果有时间就练没有时间就不练的话，那么没有时间的日子也会越来越多。当然也不可能真的做到 365 天每天都练琴，但习惯一定要有，规矩一定要立。

一旦家长和孩子一起制定了一套练琴计划，例如每周六上课，每周日休息，平时每天五点至五点半是练琴时间，那么双方都要遵守约定！孩子不可以随随便便闹情绪不练琴或者不去上课，家长也不可以因为孩子今天没练好或者其他别的原因而惩罚孩子多练半个小时。双方都要有这样一种平等的契约精神。

问题 33　初学琴童练琴时家长需不需要陪伴?

对于这个问题,回答非常简洁明了:需要。不过,“陪练”的这个身份也可以跟家长在教室里陪伴上课的身份一样,随着孩子年龄和学琴程度的增长而逐渐隐退。但是,越是在孩子学琴的初期,家长越是要参与到孩子学琴过程中来,要让孩子知道每天的半个小时钢琴练习是和爸爸或者妈妈或者爷爷或者姥姥等共同做的事情,是全家一起参与的盛事,而不是他独自担当的负担。

如果每天到了练琴的时间没有家长陪伴,家长各自忙着自己的事情让孩子独自坐在钢琴前,这会让他觉得无聊、孤独甚至无助。而且孩子刚刚开始学习一门乐器时一定会有疑问和不解,那么已经陪孩子上过钢琴课的家长就能立刻把自己刚刚学习来的知识毫无保留地教给孩子。当然,当孩子学了一段时间以后,家长一定会开始听不懂,也跟不上,这个时候家长便可以逐渐从孩子的钢琴旁离开,可以一边在旁边听着一边做自己的事情,或者只是偶尔来看一看。

问题 34 家长工作非常忙碌，没有时间陪伴孩子练琴怎么办？

在大部分的现代家庭中，夫妻双方都会有自己的工作，整天忙碌，根本没有时间陪伴孩子练琴。

其实，陪孩子练琴倒也不是一定要妈妈或者爸爸做，家里的其他成员，祖父母辈或者哥哥姐姐有时间的话也照样可以完成这项任务。如果父母每天回家较晚，建议将孩子练琴的时间拆成两个部分，在父母回家之前先练一段时间，可以是孩子自己练也可以和家里其他成员一起完成，留下二分之一或者三分之一的时间等父母回来之后再继续；相信父母每天应该能找出来十分钟左右的时间！如果每天陪练部分时间也无法保证的话，那么就尽量在周末的时候做一些弥补。

不是说一定要爸爸妈妈陪着，孩子才能学好钢琴。而是爸爸妈妈应该去了解孩子的学琴进度和学琴心态，更重要的是陪孩子练琴也可以给自己一个表扬、称赞孩子的机会，让自己成为孩子的听众和粉丝。在孩子创造音乐的同时给予鼓励，给予肯定，给予掌声，这难道不是亲子之间最美好的一刻吗？

当家长和老师坐到钢琴边，准备开始今天的练习或课程时，请不要忘记用正面的语言来开头：“上一次很好，这次进步定会更大”“我们今天一定能把这个错误改过来”等。在这次课程即将结束时，也不要忘说一句：“今天很有进步”“以后继续努力”等。最忌讳的就是用埋怨和失望的语气开始和结束每一次练习和课程！

@茅为蕙　新浪微博

问题35 家长对音乐对钢琴一窍不通，还有资格陪孩子练琴吗？

其实，只要家长能够听懂中文，看懂中文，对儿童的心理有一定了解，外加自身稍有一些想象力，都可以成为非常称职的陪练家长。在陪孩子练琴的时候心态必须正确：家长不是仅仅来挑毛病的，更不是仅仅来看着孩子的。陪练的过程中最重要的是给孩子鼓励与赞扬，肯定他的进步，欣赏他的琴声，让孩子感觉到练琴是一个全家都在参与的事情，爸爸妈妈以及其他家庭成员在听到他的弹奏时是很开心很愉悦的。

其次，家长在陪孩子练琴的时候需要有好学的精神和丰富的想象力。其实，许多乐曲的标题就足以给孩子一些音乐上的启发，例如“小狗圆舞曲”“小苍蝇与大蜜蜂结婚”“矮人进行曲”等等，只要细心挖掘这些标题的内容就能够给孩子描述音乐的背景、情感和语音。

不懂音乐知识或者不会弹钢琴都不会影响家长做一

个既有效又有爱的优秀陪练。不学不听不想不爱才是当今家长最常犯的错误。和孩子一起学、一起唱、一起笑、一起爱才是最最重要、也不可被替代的。

要想摧残一个琴童对音乐的热爱，让他学三年就考十级；要想降低一个钢琴老师的音乐修养，让他教学了三年就想考十级的学生；要想让一首不朽名作变得不堪入耳，把它纳入考级曲目。

@茅为蕙　新浪微博

问题 36　许多家长都会为琴童请陪练老师，这种方法究竟可不可取？

陪练老师是一种新兴职业，若干年以前可没有人听到过这个名词。通常，大家一般都会认为陪练就是爸爸妈妈。当下，许多家长请陪练无非是出于两种“害怕”：一是怕自己没有时间；二是怕自己没有能力。

请陪练绝对不是必须的，但是如果陪练老师非常认真、非常负责，家长经济条件也允许的话，请陪练也不会是件坏事。不过，哪怕请了陪练老师后，家长也不能够认为孩子以后的钢琴学习就是老师以及陪练老师的事，跟自己一点关系都没有了。说到底，请陪练只是增加一个层面的教育而已，这不代表家长从此之后便可以不再担负陪孩子一起学琴的重任了，对陪练老师不可以有过分的期待与依赖。

如果真的要请陪练的话，父母一定要严格把关，有的陪练老师可能会不大尽责，认为如果孩子学琴出了问题的话，不是老师的原因就是家长的原因甚至是孩子的原因，反正横竖与自己无关。遗憾地说有不少陪练老师对陪练的过程非常马虎、敷衍、不负责任，如果遇到的是这样的陪练老师还不如不请，花了钱还没有什么实质性的效果。

最后，家长们必须清晰地知道，最优秀最有效的陪练永远是爸爸妈妈！别人可以替代父母来做一些事情，但不可能替代父母来付出同样的爱心和责任！陪练老师的专业知识可能更多，但是对孩子的爱一定比父母更少。

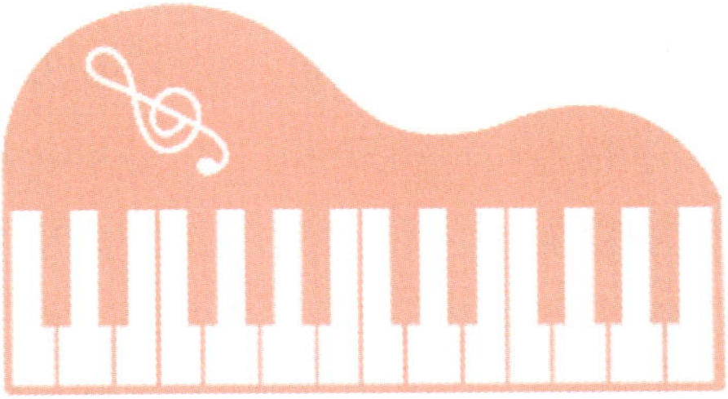

问题 37 听说许多琴童在一个培训机构既上课又练琴，似乎可以省下在家练琴的时间，这种方法好吗？

不推崇不建议，当然也谈不上极力反对。上课和练琴不应该在同一个地方，钢琴老师和陪练老师也不应该是同一个人。

孩子必须认识到每周的上课和每天的练琴在性质和功能上有着极大的区别。钢琴老师、陪练老师和家长的角色也应截然不同：钢琴老师教，陪练老师帮，爸爸妈妈陪。如果在同一个地方既上课又练琴，每天见到同一个老师，会给孩子增加疲倦感和懈怠感，他对每周的钢琴课也会没有了期待与敬畏，每天的重复也会让钢琴练习和钢琴课变得混淆、模糊和无趣。

家长可能会觉得在培训机构既上课又练琴比较方便，比较省力，可是久而久之便会发现其实这也是一条弯路，而且在孩子学习这么重要的事情上，如果只考虑给自己省时省力的话，岂不是忽略了自己为人父母最重要的职责？当一个人决定做父母或者成为父母的那一刻开始,“省力”二字就应该被遗忘了……一个人是不可能既成为优秀的父亲或母亲,又在孩子的成长道路上一直享受着“省力”的。

琴童父母请注意以下两个“不应该”:1.教课老师和陪练老师不应该是同一人;2.上课地点和练琴地点不应该是同一处。这两个不好的现象都是家长为了“省力”和老师为了“效益”而产生的,结果是减弱了老师的尊严和严谨以及学生的独立能力。

@茅为蕙 新浪微博

问题 38 偶尔有一周孩子的功课没有完成好，也没有足够的时间练琴，是否该取消本周的钢琴课？

在回答这个问题之前，其实家长们可以思考一下这样的问题：如果孩子周一作业没有完成，那么周二是不是就不用去学校上课了呢？如果周五有测验可孩子没有准备好的话，那么这是不是可以成为周五逃课的理由呢？没有足够的时间练琴是不是就要取消钢琴课的问题和这些其实是一样的。

绝对不要让孩子有这样的想法——琴没有练好不要紧，妈妈一个电话就可以把周末的课取消了。父母绝对不可以纵容这样的习惯，因为如果钢琴练得不好就取消的话，那么就会发现孩子练得不好的情况越来越多，要取消的钢琴课也越来越多。无论是主观原因还是客观原因导致孩子没有练好琴，父母都可以事先跟老师沟通清楚，说明这一周遇到了什么状况，同时告诉老师之后的一段时间准备如何弥补。

同时需要理解的是，教课是钢琴老师的工作，随随便便就取消的话会影响老师的工作计划，而且也是对钢琴老师的不尊重，真的遇到什么事情不能去上课的话，应该做的是跟老师沟通更改上课时间而不是取消课程。

若想让中国考级制度真正“有益”，必须先解决五个“无知”：教育局的无知：认为只有十级证书才能证明学生的艺术修养；社会的无知：认为没有考过级就等于不会弹钢琴；老师的无知：二级曲目都弹不了却敢教十级的；家长的无知：认为不考十级就是半途而废；学生的无知：认为过了十级就算登上了音乐的巅峰！

@茅为蕙　新浪微博

问题 39　家长如何与老师沟通才最有效最有礼？

如果有特殊的问题和疑惑需要与老师做深入的沟通，那么最有礼的方法是：在孩子上课之前跟老师说今天需要提早十分钟下课，因为自己需要与老师单独交流。提早下课的原因是有的老师可能接下来还会给别的孩子上课，所以不要影响老师的下一堂课，如果老师接下来没有课的话也请不要打扰到老师的休息时间。提早下课之后记住一定要让孩子先离开教室，或者家长和老师在教室以外不要让孩子看到听到的地方单独交流。

教育专家一致认为，最最忌讳的莫过于成人之间当着孩子的面谈论关于孩子学习的困惑、出现的问题等等。因为这样会给孩子带来非常不好的心理影响，即便有的时候说的可能是孩子的优点和良好的表现。不当着孩子的面议论他是对孩子最起码的尊重，对孩子的尊重在某种意义上其实是最友好的教育方式。

问题 40 如何在家中营造良好的练琴环境？

首先，钢琴要摆放在一个干净敞亮的地方，环境要舒适整洁、温馨惬意。温度、湿度等各方面也要既宜人又“宜琴”。钢琴上请不要置放太多装饰品，除了琴谱，节拍器以外，与钢琴练习无关的用品请尽量少放。

其次，在孩子练琴的时候，家里要尽量避免一切声音，保持一种非常安静的状态，电视关闭、手机静音、小声说话。如果孩子练琴，而爷爷奶奶或者姥姥姥爷在旁边看电视，绝对是极不负责任的行为。如果家里有小弟弟、小妹妹或者小宠物的话，也请在孩子练琴时尽量带到别的房间里。练琴的这段时间家里也最好不要有任何访客；可以把孩子每天练琴的时间告知亲戚朋友们，让他们尽量不要在这个时间段来打扰。

总之，要给孩子练琴营造出一个非常舒适、非常安静、非常温馨的环境。

疑惑篇

问题 41　对初学琴童来说，连奏和断奏哪一种更好？

“连奏”和“断奏”，顾名思义一个是弹奏时在琴键上通过手指的衔接从一个音直接连到下一个音；一个是弹完一个音手指手腕均抬起，让声音终止，然后再下键弹奏第二个音。一个是“走”，一个是“跳”。很多钢琴启蒙老师都会选择从断奏开始教，因为四岁左右的孩子手指非常软、非常短，往往做不到用手指单独去敲击琴键，老师会让他用手腕、手掌、手臂帮忙，靠整个手臂落键的力量来让这个音更扎实，更明亮。

但是这仅仅是技术方面的考虑。把所有音符都弹成断音往往不是作曲家的初衷，更不是音乐本身的需要。孩子从学习钢琴的第一天起就应该认识到在演奏钢琴时我们会运用到许多不同的触键方法。

如果孩子的手非常小，并且是从断奏触键开始学习的，那么不建议在这个学习阶段停留太长时间。孩子需要尽快过渡到由乐曲本身来决定是连贯还是跳跃的层面。如果初学的孩子已经七、八岁，那么建议断奏和连奏同时开始，因为这个年龄的孩子手指已经足够坚挺、有力气来完成断奏和连奏的触键，并且能够感受到这其中的区别。

常听到有关弹琴时“高抬手指”的争议！其实“高抬手指”是每个演奏者必备的能力和必经的训练；当我们演奏时，手指需抬多高完全因由音色和节奏的需要来决定，这里面千变万化！但是若“不能”和“不会”高抬手指的快速跑动，其他弹法皆不可能！对于某某学派的“用臂膀的力量弹奏每一个音”，我绝不苟同。

@茅为蕙　新浪微博

问题 42　什么是弹钢琴正确的手形？身体的姿势是否也同样重要？

弹钢琴时，我们的双手其实是处于一个非常自然和自如的状态。手臂、手腕、手掌、手指都应处于一个自然的姿势中。无论年纪大小都可以试着做一件事情：站直，让双臂自然地垂在身体两侧，这个时候把手轻轻地放在琴键上，所呈现出的姿势便是弹钢琴时应有的正确姿势。手指应该呈现出最自然的弯曲弧度；手掌、手腕和手臂成一条直线；肘部应该自然放松地垂放在身体两侧。坐得也不宜离钢琴太近，要给自己足够的空间来使上身和双臂自由地行动。双腿应该靠拢，身体必须坐直。只有坐姿和“弹”姿都非常正确的情况下，我们才有可能把钢琴弹好。坐在琴凳上也一定要尽量靠前坐，不宜坐得太靠后，也不应坐得太满。让上身有足够前后左右挪动的余地，双臂才能在绝对意义上得到放松。

问题 43　孩子手指无力，第一关节过于柔软应该如何纠正？

首先，家长和老师要知道，孩子“手软”不是毛病，第一关节因为手软而在钢琴上站不住不是孩子故意而为之的错误，不是他们不听话，故意要与父母老师对着干，而是一种他们暂时无法左右的身体上呈现出来的状态。对此，家长们不要急着想立刻给予纠正，更不要去恶意批评，所有的孩子都需要一个长大的过程，请家长和老师们给孩子一点时间，让他们的骨头越长越坚挺、手指越来越有力。当然，从第一节课开始就要明确告诉孩子：弹琴的时候手指的第一关节必须是直的，不可以出现“折指”的现象。家长一旦发现孩子手指无力，第一关节过于柔软的话，要用大人的手去触摸孩子的手给予纠正，这里还是要强调一下：在这个过程中请不要谩骂孩子，用铅笔去敲打更是无济于事。

其次，在孩子手指还不够坚挺的时候允许他每一个音弹得轻一点，允许他弹奏时速度慢一些，在比较轻比较慢的情况下尽量打造一个正确的姿势。家长们绝对不能心急:孩子需要成长,身体需要发育,各种发火心急大呼小叫都不可能改变自然规律。

琴童们演奏时应注意的"5个度":1.态度:请面带微笑,充满自信;2.程度:曲目选择要扬长避短,忌讳选太难、太大、太长的作品;3.力度:大部分琴童的声音不够到底,明显是手指力量不足导致;4.速度:只快不稳和只稳不快是一样的失败;5.尺度:懂得正确拿捏不同风格作品的音乐处理,不过份自由和呆板。

@茅为蕙 新浪微博

问题 44 “握鸡蛋”手形的弹奏方式是否科学？

听许多“专家”说过弹钢琴的时候手需要模仿着“握鸡蛋”，这是正确的吗？让我们试想一下：一个四岁的孩子握着鸡蛋和姚明握着同样大小的鸡蛋，这两种感觉和形象是不是很不一样？鸡蛋的大小各有不同，每个人的手千变万化，不同的体态不同的年龄不同的性别让每个人的手形都很不一样，如果用“握鸡蛋”去形容钢琴演奏时的手形，绝对是片面甚至是幼稚的。

另外很重要的一点是，握鸡蛋的“握”和弹钢琴的“弹”是两个很不一样的动作，“握”是从外到里，而“弹”是从上到下，一个力量是往里，一个力量是往下。

总的来说，“握鸡蛋”不是一个科学的形象和准确的描述，如果一个四岁的孩子弹钢琴要“握鸡蛋”，那么是不是六岁就要“握鸭蛋”、八岁开始“握鹅蛋”呢？试图去握一个什么东西，孩子的手指会太弯，手掌会太紧；所以不建议也不欣赏“握鸡蛋”这样的教法，应该做的还是让孩子双臂自然下垂去寻找一个自然舒服的姿势。

【琴童在节奏处理上的两大问题】1.随心所欲地变速和停顿；不能感觉到节拍是音乐的心跳，导致速度的快慢会根据技术需要而随意被调节；停顿也因为“来不及”而随处可见；2.任何曲子皆为“慢板”；慢，是练习的过程，是方法，但不永远是音乐的选择和内容的需要；不要把《飞跑的小鹿》改编成《半死的大象》。

@茅为蕙　新浪微博

问题 45　如何培养和加强孩子的节奏感?

"节奏感"也是音乐天赋的一部分,有的孩子可能天生节奏感就比较好,会比较平稳,心中的节奏不会忽快忽慢,有的孩子可能节奏感就会薄弱一点。节奏感的培养要通过躯体,例如手臂的挥舞、踏步跺拍子等等身体上比较大的动作来辅助。如果孩子仅仅学会用嘴数 1—2—3,或者直接用手指在钢琴上弹奏的话,不太能够真正体会和感觉到节奏的韵律和拍点。对于小朋友而言,他们需要"动",全身的动;只有在足够大的动作里,孩子们才能理解和感知到真正的节奏。

所以培养孩子节奏感的时候不能仅仅靠节拍器或者家长在一边打拍子。除了需要多听音乐以外,更重要的是让小朋友离开琴凳,随着音乐舞动、跳跃、游戏、歌唱,在内心里真正感知音乐的节奏。接触一些打击乐器也是培养节奏感的好方法!总之,对节奏的培养,完全可以也应该离开琴键来完成。

问题46 五线谱是否从一开始就要学？

对于古典音乐的学习者来说，五线谱的确需要从一开始就学。虽然五线谱的学习会是一个非常枯燥的阶段，不过无论是中国的教材还是国外的教材都会以五线谱为开端，就算不是在第一节钢琴课上也会在前几节课中就开始教授五线谱的知识。虽然读懂五线谱上的“小蝌蚪”对孩子来说比较困难，不过家长们还是要想尽一切的办法，帮助孩子尽快度过这个学习时期，不仅要看得懂、数得会，更要熟读，在看到音符的同时就能够迅速将音符与琴键上对应的音联系起来。现在市面上有很多做得比较有趣味的画册、玩具、学习卡片之类的东西，这些都可以让孩子学习五线谱的过程变得尽量开心一点、好玩一点。虽然在初学阶段听力的培养也很重要，但是既学会看谱又得到听力上的训练两者并不矛盾。学语文要认字，学音乐要认谱。只有熟识五线谱，音乐的语言才能丰富，钢琴的学习才能牢固。

问题 47　孩子一旦学会一首新的乐曲就不愿意看谱，直接背谱弹，这种方式是否可取？

初学钢琴的时候，孩子们弹的曲子音符不会很多，篇幅也不会很长。学会了之后有的孩子可能就全部记住了，重复练习时逐渐就不再看谱了。这样也不是不可以，不过前提是孩子已经掌握了五线谱的相关知识，拥有很强的读谱能力，他是通过认真地阅读五线谱之后而学会所弹奏的这首乐曲，并且对谱子十分熟悉，然后才背谱弹的。反之，如果是听完了老师的示范之后，不通过读谱就死记硬背弹下来的话，是一种非常不好的学习习惯。如果家长发现孩子在弹奏一首曲子尤其是新学的曲子的时候对它的曲谱很不熟悉的话，那么一定不要让孩子在练习的时候眼睛离开琴谱。只有在读谱能力非常完善的情况下，背谱才是牢靠和真实的。

一旦一首乐曲已经可以背谱演奏，也应该反复和经常地把琴谱拿出来照谱练习。再熟练的乐曲也应该以乐谱为根基，以乐谱为准绳。

问题 48 每当布置一首新乐曲时，老师是否需要先向孩子示范弹奏？

老师的示范对于孩子的音乐学习是非常重要的。尤其是当孩子在学习如何弹奏一首新乐曲的时候，老师弹奏时的情绪状态、情感表现以及细微到表情和呼吸都是孩子们无法在视频、音频中感应得到的。老师的示范在孩子学习钢琴的任何一个阶段都起着决定性的作用，是孩子学习钢琴的指航灯塔，是任何其他学习形式都无法取代的。

遗憾的是，当今的现实情况却是很多老师因为自身练琴时间不多，乐曲弹奏不够娴熟，示范的时间和能力都在下降，这是中国业余钢琴教育非常不如人意的地方。所以也要奉劝所有的钢琴教师，边教也要边学，边教也要边练，要对每一次给孩子的示范负责，把每一次的示范都当作正式的、专业的演奏来认真对待，一定要尽量地完整、尽量地完美。对家长来说，评判孩子钢琴老师的专业与否、称职与否，看他是不是有能力来示范以及愿不愿意花时间和精力来给孩子做示范也是一个非常重要的考量标准。只会“说”不会“弹”的钢琴老师将会随着中国整体音乐教育水准的不断提高而逐渐退出历史舞台。

【三个“三”送给钢琴老师】1.三明治：一曲终结，先用正面的语言总结，随之指出需要纠正的问题，最终仍用鼓励的语言收尾；2.三问答：在上课的开始、当中和结尾，尽量和学生有三次与上课内容无关的问答，以调节上课的气氛；3.三起身：上课时起码应有三次请学生起身，老师坐在琴凳上倾情示范的温馨时刻。

@茅为蕙　新浪微博

问题 49　陪练的家长在钢琴旁到底应该扮演什么样的角色?

希望家长在陪练时能扮演以下三种角色:

第一,孩子忠实的粉丝。当孩子弹响第一个音符的时候,父母便成为了孩子音乐道路上忠实的粉丝,并且永远是。当孩子有哪怕是最最微小的进步的时候,也要给予充分的肯定和适当的赞扬。永远让孩子知道他们的努力和进步都是被父母所肯定和支持的。

第二,声情并茂、载歌载舞的启发者。孩子练琴时,父母在钢琴旁通过乐曲的标题给孩子讲故事,深情投入。如果孩子弹奏的是圆舞曲,不妨在旁边跳上几圈,让孩子感受到圆舞曲的节奏;如果孩子弹奏的是民歌,不妨随着音乐唱上几句,让孩子知道这个旋律其实是从人的声音而来的;如果是一些自己不会唱也不会跳的,如新疆舞曲,也可以上网找一些新疆舞的视频给孩子看……总之可以通过各种形式给予孩子启发,让孩子对于所弹奏的曲子有更多的了解和感悟。

第三，孩子学习的监督者。家长们无可避免地要成为帮助老师合理安排一周的钢琴练习计划的“助教”，监督孩子的学习情况，了解孩子的学习进度。

希望家长们不要花费大量时间和精力仅仅扮演一个“看着你”的角色，家长对孩子有着无穷无尽的爱和期望，希望也能在钢琴边演变成无穷无尽的想象力和耐心！

每一个音乐作品其实都在表现一种性格、一份心情、一个场景、一个故事；有时会让你泪流满面或手舞足蹈；有时只给了你淡淡的色彩、幽幽的回忆；音乐的语音可以幽默、伤感、空洞、朦胧、激烈、妩媚；音乐的形状既可圆滑委婉，又可尖锐凹凸；音乐的表情可多可少，可浓可淡，但只可有，不可无。

@茅为蕙　新浪微博

问题 50 练琴的时候是规定每首乐曲练几遍，还是每天固定弹多长时间好呢？

制定练琴计划时，到底是以弹奏的遍数为基准还是以时间为基准？两者可以说各有千秋，并不能完全肯定其中一个而否定另一个。但是，以练琴的时间来制定计划的话可能会更好一些，如果以遍数为准的话可能会发现这样一个问题——孩子弹琴的速度会越来越快，早点弹完便可以早点结束；越来越快则意味着越来越马虎，越来越不认真。反之，如果以时间为准的话，那么孩子在弹琴时便可不必那么匆忙了。在一般情况下，情愿孩子弹两遍慢的正确的，也不要弹五遍快的但却是错误的。每天的练习计划可以根据当天要练习的曲子来制定，比如第一首曲子练习五分钟，第二支曲子练习十分钟……不同的情况可以有不同的时间分配，让孩子在规定的时间范围内从容不迫地练琴，这样才能让练琴更加有效率。

如果是某支曲子已经练得非常好了，周末就要去参加表演或者比赛了，在类似情况下，那么就可以选择练几遍而不是练多久。在演出之前完完整整地把表演曲目演奏几遍，哪怕是有瑕疵也不要停下来，弹完了以后再回来纠正，以追求弹奏的完整性。所以练琴的时候也不要非局限于某一种方式，可以根据不同的情况做出不同的选择和判断。

【我家孩子不喜欢练琴，贪玩儿，怎么办？】孩子不喜欢练琴那是必然，不是偶然；更要理解"贪玩儿"不是缺陷，而是天性。我们只能尽一切力量来使孩子的曲目不太枯燥，压力不太沉重，老师不太业余，家长不太凶暴，期望不太过高，环境不太险恶。

@茅为蕙　新浪微博

问题 51　孩子到底每天应该练多长时间琴?

大部分的老师对这个问题的答案都会是“越多越好”。在不影响孩子正常的学习、休息以及适量的娱乐的情况下,的确应该尽量多给练琴一些时间,让练琴成为孩子生活中比较重要的一部分。孩子刚开始学琴的时候,每天练琴的时间可以是半个小时到四十五分钟。当孩子七八岁了,有三到四本琴谱时每天保持一小时的练琴时间则是一个基本的要求,当然,想走专业道路的孩子也有每天练八个小时的,但那是特例,并不推荐。

一般情况下,练琴时间安排一到两个小时是一个能够做到也能够接受的时间,时间太短的话孩子手指还没有活动开,心理状态还没有调整好练琴就已经结束。无论是练一个小时还是两个小时、三个小时,建议将练琴时间分为两段,中间有适量的休息,不仅是让孩子身体可以休息一下,而且让他们的大脑也得到休息,让孩子在整个练琴过程中脑子更加清晰。

问题52 是从孩子非常幼小的时候就开始其音乐情感的培养，还是顺其自然？

有的爸爸妈妈甚至老师认为孩子年龄还小，尤其是在初学琴的时候，音乐的情感还没法理解，所以不要浪费时间和精力在孩子音乐情感的培养上，只要把基本功打扎实，把音符、节奏都弹对就可以了，至于音乐情感等孩子长大了他自然就懂了。

对于这种“孩子以后自然就能体悟到音乐情感”的看法，我们无法评说是对是错，因为现实生活中也不是没有这种可能。但这可以说得上是一场赌博，万一等孩子年龄大了一些，当大家意识到孩子并没能顺其自然地真正体会到音乐的情感并懂得如何抒发音乐的情感的时候，再弥补就已经来不及了。所以，老师和家长们需要尽量在孩子幼小的时候就通过乐曲的标题、音乐创作的背景、乐曲的风格以及乐曲的意境等等来启发孩子。启发的方法当然可以是多种多样的——感性的，理性的，视觉的，听觉的，语言上的，思想上的等等。

问题 53 儿子四岁半，上了六堂钢琴课，也还仅仅会弹几个音，但很有表演欲望，总想要弹给别人听，家长是否可以允许？

不仅应该允许，而且应该支持！

器乐演奏是一门表演艺术，而表演艺术跟绘画、雕塑、摄影等等艺术门类很不同，创作者的创作和受众者的欣赏是同时发生的，钢琴家演奏的时候也正是听众欣赏的时候。所以，哪怕孩子只会“哆——唻——咪——咪——唻——哆”这几个音节，只要他敢于并且乐于表演给别人看，家长就应该多多鼓励。其实无论孩子是否主动要求去表演，家长都应该多创造机会让孩子弹给亲戚朋友、邻居同事听，在学校里在聚会中常常去表演，在大商场里看见钢琴就坐到前面弹奏……要让他人的掌声和认可成为孩子每天练琴的动力。所以，“孩子水平低，拿不出手，等弹好了再弹给别人听”这种想法是完全没有必要的，只要孩子有表演的欲望，就要给他显示自己的平台和机会，如果孩子没有这种表演的欲望，那么家长或许应该多多努力给孩子创造出这种“欲望”。

问题 54 每次走进音乐书店，发现儿童钢琴启蒙教材层出不穷，中外、古典、现代……让人眼花缭乱，到底哪一套最好？

在众多儿童钢琴启蒙的教材里，首当其冲受到中国老师和家长欢迎和追捧的当然是“汤普森”。这套教材伴随着拜厄、车尔尼练习曲和小巴赫等成了每一个中国琴童的必经之路。

近年来，许多国外优秀的教材不断进入中国市场，无论是早些年前的巴斯蒂安、阿尔弗雷德，还是最新的音乐树、菲博尔等，中国的老师、家长和琴童得以了解到许多不同风格的教材。每一套教材其实都各有利弊，“汤普森”的乐曲旋律优美耳熟能详，但是却过于注重右手和中间两个八度的使用；巴斯蒂安和阿尔弗雷德让孩子们接触到的不仅是乐曲，更有理论、视唱练耳、即兴演奏等等，但是中国琴童对乐曲的旋律往往比较陌生。教材的好坏其实是有局限性的，所以“教法”远远要比“教材”重要得多，因人而异、因材施教永远是最正确和最有效的启蒙方法。家长和老师不应该全盘接受或者排斥某一套教材，老师们更应该对每一套教材都有研究和了解，吸取其精华！

七月里来忙考级，琴童无一脱干系；考官日行百十里，赚点外快好时机；琴行老板最积极，招揽顾客出妙计；孩儿终年啃两曲，爸妈一边干着急；老师虽劝无气力，加课加时也欢喜；五级七级啥稀奇，直奔十级是真理；考场门外几代挤。却见“名师”玩手机；老贝老肖算老几，好调好句随意弃；恳求饶了德彪西，十级过后扬长去。

@茅为蕙 新浪微博

问题 55 老师希望孩子边弹或边唱边数拍子，是否算“一心两用”？

很多老师为了孩子尽早掌握节奏的精准，会要求孩子一边弹一边数“1、2、3、4”……每当开始学一首新曲子的时候，可以允许孩子通过这种方法尽快掌握新曲子的节奏，但是这应该仅仅是初期的培训方法，必须是暂时性的，一定不能把这种方式变成一种长久的习惯，要从大声地数变成小声地数再到在心中默数。老师和家长们应该要让孩子知道数拍子是内心的一种属于自己的音乐语言，是不能发出声来给别人听见的。总之，可以在开始的时候通过数拍子来协助孩子学习一首曲子，但是绝对不能让孩子依赖于“数”，因为这样长久以往的话，有朝一日他不能大声数拍子时节拍就会立刻混乱。拍子，归根到底不是“数”出来的，而是“感觉”出来的……

问题 56 在什么情况下可以增加练琴强度，延长孩子的练琴时间？

一般情况下，琴童开始学琴的时候，教材是一到两本，练琴的时间是二十到三十分钟。当琴童的教材开始变多，每周要练的曲子开始增加，家长便会发现以前的练琴时间对于当下的功课不够用了。这个时候练琴时间需要适当增加。不过，一定要适量，建议十分钟十分钟地加，不要猛地从三十分钟延长到一个小时，中间要有一个渐进的过程。如果觉得老师给的功课太多，加了一点时间后也不够用的话，可以跟老师交流一下，反映情况，请老师调整功课。

在孩子练琴这件事情上，要随时跟老师保持着畅通的联系，老师布置的曲目逐渐增多增难，琴童练习的时间相应地增长增量。这两方面一定要相互配合相辅相成，如果教材的进程和以前没有变化，给孩子延长练习时间就显得牵强；同样如果老师因为孩子练琴时间有所延长就把曲目增多增难，也是不近人情和不合常理的。

问题 57 “高抬手指”的练习是否必要?

“高抬手指”是一种对于掌关节独立的基本练习——虽然正式弹奏的时候并不需要太多的使用,不过这就像跑步运动员平时需要练习把膝盖抬得很高但真正比赛的时候却不这么做一样,都是一种必须要掌握的基本练习。一个人全身上下有许许多多的关节,而弹钢琴的时候唯一需要主动的便是掌关节,抬得越高下键越快力量就越大,掌关节必须在孩子很小的时候就得到很好的锻炼。虽然在电视上或者网络视频中,很少看到钢琴演奏家把手指抬得很高,但这只代表当时的演奏状况不需要高抬手指,并不代表他们在从小学习钢琴的时候没有花功夫练习过。

总而言之,“高抬手指”是一项必须刻苦对待的练习,也是一项必须掌握的弹奏技能。在以后的钢琴表演生涯中演奏者会为了寻求自己需要的音色而使用很多种不同的触键方式,但任何触键方法都需要演奏者的掌关节非常有力、非常独立和非常坚挺!

问题 58 可不可以找世界著名钢琴家的视频播放给孩子看?

当然可以,但是播放的时机很重要。当琴童刚开始接触到一首新曲子,尤其是一些比较著名的名曲时,最好先给孩子一个独立完成曲目的过程,在这个过程中通过老师的示范与讲解以及曲谱,让孩子独立形成属于自己的关于这首乐曲基本的理解和认识。在这个基础之上可以给孩子看一些视频,让孩子看一看别的钢琴表演艺术家是怎么诠释同样的曲子的。

不过,在给孩子看视频的时候也要加以引导,例如当视频中的钢琴家弹奏得特别快的时候,可以告诉孩子以他现在的钢琴弹奏水平无法达到这个速度,所以不要盲目效仿。如果有的钢琴家对乐曲有一个出其不意的或者比较另类的表达时,要及时告诉孩子每个钢琴家都有着自己独特的演奏风格,对乐曲的理解也都不一样,没必要必须去模仿某一个人。总之,在欣赏钢琴家的演奏时一定要注意给孩子启发和引导,希望孩子可以从中得到灵感，但是又不能因为自己的弹奏和钢琴家们不一样而感到焦虑。

常听老师们抱怨孩子演奏时“没有乐感”，言下之意这都是孩子不努力甚至是无才能的结果。我会反问他们，在孩子学习音乐的过程中，自己为孩子做过多少引导和启发？付出过多少情感和想像力？给予过多少激情和兴趣？据我的观察，大多数老师和家长都是带着“沮丧”的面容坐在钢琴边，孩子的乐感从何而来呢？

@茅为蕙　新浪微博

问题 59 如何提高孩子练琴的积极主动性?

家长一定要知道,“不喜欢练琴”这五个字对于琴童而言并不是偶然的,而是必然的。孩子都喜欢“弹”琴,却不喜欢“练”琴。当一个孩子说“我很喜欢弹钢琴”时,他的喜欢也许是喜欢弹钢琴的人,也许是喜欢弹钢琴的样子,也许是憧憬有朝一日自己坐在琴凳上如行云流水般弹钢琴的感觉,而不是日复一日、年复一年一遍一遍枯燥的重复练习。那么,如何才能提高孩子练琴的积极性?

第一,老师和家长都需要营造非常正面的学习环境,充满正能量、鼓励和赞扬。而这里也并不是要家长和老师不提出缺点、不纠正错误,而是要多以肯定的态度对待孩子的学习,让孩子知道他的进步是得到认可的。

第二,尽量多给孩子展示自己的机会,让他知道在台下一遍遍的练习并不是盲目的,而且只有勤加练习才能够在舞台上有更好的表现,得到别人的认可,赢得鲜花与掌声。

第三，在练习曲目的选择上尽量多变一些，不要过于枯燥，同时也不要太难或者太简单，曲目的难易程度要和孩子的能力相应，不要让曲目成为孩子练琴的障碍。

第四，在练琴时尽量去启发孩子的想象力，如果是弹奏一首描绘风景的曲子，那么可以让孩子试着去想象那是一个什么样的地方？如果是一首描写人物的曲子，那么便可以去想象音乐到底在描述谁？每一首曲子的练习都应该是立体的，不单单只是乐谱上排列着的音符。

问题60 全家出行时孩子不能每天练琴，有没有什么方法不中断孩子的音乐学习？

孩子们在节假日或者其他时间和家人一起外出度假旅游是免不了的，有的家长可能会左右为难，因为旅游会中断孩子的练琴。需要明确的是绝对不应该因为“练琴”而取消孩子外出的机会，要避免的只是在孩子的某个音乐会或者比赛、考级的前夕出行，让他缺少了练琴的时间。所以，外出应尽量安排在孩子某个任务完成之后，这样也可乘机出去庆祝一下、放松一下。

即便外出没有钢琴，这也不会完全中断孩子的学习。离开钢琴，孩子也可以习得一定的钢琴知识。首先，外出的时候可以带上乐谱，让孩子在飞机上或者火车上也可以听着音乐看着乐谱，复习巩固相关知识。其次，可以根据外出地点的不同让孩子对一些音乐知识有更多的了解。例如，到欧洲的时候可以问孩子贝多芬是哪里人啊，有哪些曲子啊，这些曲子有什么特点啊之类的问题；如果带孩子到了乡村，可以让孩子从所见之景联想到以前弹过的一些民歌、儿歌等等。

这样的学习一定可以与孩子日常的练琴有所互动，让孩子对音乐有更深的理解，毕竟音乐是人类情感的一种表达，只有真正体会到不同的感情，拥有更多的人生体验才能更好地感受音乐，弹好钢琴。从某种意义上说，孩子对人生的体验与感悟是比练琴更重要的事情。

快过节了，琴童们在节假日里该不该坚持练琴？1.如果不外出，琴还是应该坚持练。可尝试提早练琴时间，练完以后尽情放松。2.复习或加强几首保留曲目，亲朋好友来访时献上一曲；换来掌声和鼓励，何乐不为？3.如外出度假，那就带上愉悦心情，暂时放下黑白键小伙伴；离开钢琴，一样可以聆听生命的音符。

@茅为蕙　新浪微博

坚持篇

问题 61 起初孩子对学习钢琴很有兴趣，但几个月后“反目成仇”，这种现象普遍吗？

学习几个月后对钢琴不再有兴趣甚至很反感，这对一个琴童来说其实非常正常。孩子最初跟爸爸妈妈说“我要弹钢琴”，或者被爸爸妈妈领到钢琴边点头答应学习钢琴的时候，他们一定不会预料到学习钢琴需要每天付出这么多，对于喜欢或者不喜欢的曲子都需要一遍又一遍地练习，这可能对他们而言非常枯燥无聊。在进行这些“枯燥无聊”的练习的时候，孩子就会产生对钢琴学习的厌倦，所有的厌倦与不满会发泄在钢琴上，孩子可能看都不愿意看钢琴一眼，坐在它旁边会让他变得特别焦虑。练琴随之变成了一件特别痛苦的事情，能避之则避之。

在孩子学琴之初，家长们就要做好迎接这种状况的思想准备——孩子对钢琴产生厌倦的那一天早晚都会到来。一旦发现真的出现了这种情况，家长们首先要做的事情就是理解，并且率先从大人身上找原因——是不是给孩子的曲目对他不够有吸引力，是不是老师和家长的鼓励不够真诚，是不是他对于音乐的理解还不够到位……在接下来的时间里父母和老师要与孩子一起度过这个可能有些难熬的阶段。可以做些曲目上的调整，可以让全家参与的程度更深，可以给孩子创造更多的表演机会，也可以在语言上多给予安慰、理解和支持。让孩子尽量地去理解他所做的事情之间是有因果关系的，所有的付出都会得到回报；尽量让他克服懈怠感，提高积极性；尽量让“练琴”成为全家总动员，不要让孩子觉得练琴是孤独无助的。

问题 62 孩子对练琴越来越厌倦，而当父母“恐吓”孩子要把钢琴送人时孩子又坚决反对，这种矛盾心情是怎么产生的？

这种矛盾其实很容易理解：这说明孩子喜欢“弹琴”，但不喜欢“练琴”。孩子可能畏惧练琴，但是对钢琴这个乐器依然有所喜欢，对演奏钢琴的过程还是非常向往的；只不过在孩子稚嫩的心里还不能理解必须先付出巨大努力，才能得到丰硕的成果这样一层关系。

当孩子出现这种既舍不得放弃钢琴又对练琴越来越厌倦的矛盾状况时，大人要及时去寻找原因：会不会是练琴的方式过于单一了？老师的教学方法有点老套了？老师和家长的态度太凶了？孩子对老师的教课和家长的陪练产生了抵触心理？总之大人们要尽力做出各方面的调整，例如课程设置、练习曲目、老师和家长的态度及语言等等，一定要帮助孩子克服这种矛盾，让他既喜欢弹钢琴又不反感练钢琴。并且不要经常用“把钢琴送给别人”作为恐吓的方式，否则会让孩子觉得“要不就努力练琴，要不就马上终止”，没有回旋的余地。其实在这两种极端的选择之间还可以有许多不同的方式方法，让孩子既不放弃，又不受到太大的压力。

我最不愿意听琴童家长用“半途而废”这四个字来形容孩子们钢琴学习之路的终结。孩子学游泳未必成为奥运冠军，学毛笔字未必成为书法家；固然学习钢琴贵在坚持，但终有一天孩子有了别的爱好和事业，没有考到十级或不以钢琴为业，也绝非“半”，更未“废”。修养、气质和灵感会永远陪伴着琴童的成长。

@茅为蕙　新浪微博

问题 63 当家长陪练的耐心和兴趣渐渐淡化，甚至时常忍不住要发火的时候该怎么办？

有的家长的确一开始做“陪练”做得很好，可是随着孩子学琴时间的增长而变得失去耐心和兴趣。家长既要宽容孩子又该理解自己，每一个人都会有情绪起伏和耐心减退的时候。如果某一天家长的心态非常不适合陪孩子练琴的话，不必过多勉强自己，偶尔给自己放个假也未尝不可。可以尝试着让孩子单独练习，让自己暂时离开这个环境。如果孩子也遇到了练琴状态非常不好的时候，那么同样也可以临时适当减少练琴时间；不过这并不等于减弱学习的进程，因为家长和孩子还可以通过录音、视频、看谱等方式来完成今天的音乐学习。

还有一点想要提醒的是，陪练家长和孩子的“斗争”大部分是这样发起的：孩子弹错了一个音，爸爸妈妈在旁边厉声吼道：“停！又错！”……在弹琴的时候被吼叫声突然打断其实对孩子来说是一种极大的不尊重，所以仅仅只是一个错音的小事便会演化成一场父母和孩子之间的

“战事”。当孩子犯错误的时候，父母一定不要立刻去纠正，等一遍弹完之后再和孩子一起总结，一起找出问题并给予纠正。尽量避免和孩子之间产生直接的摩擦和不愉快，这样对双方耐心的培养都有好处。

【七个“是与不是”，送给琴童家长】1.孩子不爱练琴是必然，不是偶然；2.培养兴趣是大人的职责，不是孩子的天性；3.孩子需要的是陪练，不是陪骂；4.琴童期盼的是鼓励，不是攀比；5.陪同上课时家长是旁听，不是助教；6.考级是插曲，不是目的；7.父母应该希望的是孩子一生能以音乐为友，不是以音乐为业。

@茅为蕙　新浪微博

问题 64 听说郎朗是被爸爸打出来的，真的是这样吗？

如果光靠“打”就能培养出郎朗，那在中国岂不是满大街都是郎朗？

郎朗成为“郎朗”首先是因为他就是“郎朗”，他的确有着与众不同、不可被轻易复制的才能。他是郎朗在先，父亲的严厉管教在后！如果只是靠打就能打出一个郎朗的话，那么郎朗就太不稀奇了……

从西方教育者的角度来说，体罚不仅是错误的，在某种程度上还是犯法的行为，爸爸妈妈是没有权力也没有资格伤害自己孩子躯体的。父母和孩子之间当然会有不愉快的时候，也会有需要父母严格管教孩子的时候，但这不应该发生在钢琴学习这件事情上。只有当孩子做了非常不礼貌或者非常危险的事情的时候，才是需要父母严格管教的时候。而在任何一种学习过程中，不管是钢琴还是游泳等等，孩子都在以自己的方式前进。有的时候快一些，有的时候会慢一些，有的时候兴趣浓厚一些，有的时候兴趣又会淡一些，但这都不能因此打骂孩子，因为这些都不是错误，只是过程！

如果家长认为能把孩子“打”成郎朗，那应该是对郎朗最大的不恭，对孩子最大的不敬。

“什么时候必须换钢琴老师了？”1.有对孩子进行体罚的迹象；2.讽刺，辱骂，贬低孩子；3.从未听到老师在琴上弹过一个音；4.考完五级马上布置八级曲目；5.认为自己永远是正确的；6.孩子进步的大小完全取决于信封的厚薄。

@茅为蕙 新浪微博

问题65 孩子喜欢演奏乐曲，但是不喜欢练习曲和音阶。手指练习真的很重要吗？

不喜欢弹练习曲和音阶的道理很简单：它们枯燥无味不好听！大人们应该扪心自问：我们是不是也不会在享用烛光晚餐的时候聆听音阶琶音手指练习？遗憾的是哪怕再枯燥无味，手指练习绝对非常重要，是以后一切钢琴演奏技能的基础。在练琴的过程当中，需要掌握的是一个"度"，一个手指练习和乐曲之间的均衡。在孩子日常练琴的曲库中要进行一个合理均匀的分配，针对手指练习的曲目应该占四分之一左右，最多三分之一，在每天练琴的过程中，要求孩子先将这些所谓"枯燥无味"的曲子非常好的完成，然后再让他们尽情享受自己喜欢的作品。同时也要通过具体的案例让孩子理解到，只有在掌握了手指练习中的基本技术之后，他们热衷于演奏的作品才会更精彩、更成熟、更好听！

问题 66 女儿对巴赫的作品非常不喜欢，觉得太难太枯燥；巴赫的作品是不是每个孩子都必须要学？

在一般情况下，孩子们都会比较抵触甚至有些害怕巴赫的作品，原因大致有以下几点：第一，巴赫的作品有很浓烈的宗教色彩，远离中国当代孩子的生存环境，孩子们对音乐所表达的内容和情感比较陌生；第二，巴赫的作品是多声部的，两只手要完成两个声部、三个声部甚至是四个声部的合作；没有了伴奏和旋律的区别，每一个音都成了必不可少的环节，所以孩子识谱和背谱时都会觉得比较困难；第三，现代的孩子一般比较喜欢旋律清晰、情感丰富的曲子，而巴赫的作品听上去不足以让孩子顿时产生激动的情绪，其旋律也不容易跟着哼唱。

孩子们不喜欢复调的曲子很正常，但复调作品始终是音乐学习中一个不可避免和不可忽视的重要环节。在练习的过程中可以注意以下三点：第一，功课不要给得太多，每一首复调作品可以分为几个小段落相继布置，不要给孩子太大的压力；第二，分声部练习，要让孩子对每一个独立声部的走向有着非常清晰的概念；第三，每一首复调作品都要给孩子很长的一段时间去消化！一首普通的作品可能通过一两周的练习孩子就可以基本掌握了，而一首巴赫的作品孩子可能就需要一到两个月的时间去透彻理解，一定要允许孩子有这样一个缓慢又细致的过程。

【再谈错音】年轻钢琴学生错音连篇的问题似乎日渐严重。我这里所指的是学错、看错、认错、记错的，而不是临时碰错的。后者是人之常情，需努力练习尽量避免，但前者却不可原谅。根源无非以下几个：1.乐曲太难，能力跟不上；2.急于求成，看谱心不细；3.训练不足，耳朵听不明；4.老师太弱，错音辨不出。

@茅为蕙　新浪微博

问题67　六岁的女儿开始参加学校的小型演出，父母该如何做好她的观众？

当孩子参加演出的时候，父母应该怀着最崇拜的、最兴奋的、最期待的心情，带着鲜花和掌声去做孩子最忠实的粉丝。

每一次带孩子去参加演出的时候，父母首先要让孩子心理放松，要告诉孩子敢于走上舞台本身就是进步、荣誉和信心的表现。演出的时候所犯的小错误是短暂的，马上会被遗忘，但舞台经验的积累和回忆却是永久的。其次，要让孩子打扮得非常得体，从衣着到台风都不能忽略。当孩子在舞台上的时候，父母则要做文明的观众，安静地观赏孩子的演出；孩子表演结束后，无论他今天演奏得怎么样，有没有失误，都要给他一个大大的拥抱和亲吻，让孩子觉得他的演出得到了肯定。最最忌讳的是演出后的抱怨、不满，甚至是羞辱，这会让他只记得今天的错误而不记得今天的成功，甚至可能会阻挠他今后再次登上舞台。至于演出中出现的错误，重要的不是他人的数落，而应该是孩子自己的发现。当孩子沮丧着脸开始描述自己的失误的时候，父母需要给予极大的理解、支持、鼓励和安慰。

【姜，可能是越老越辣；老师，却未必越老越好】每次看到某人简历上那句“拥有三十年教学经验”，我就想问：这是不断进取、与时俱进的三十年，还是滥竽充数、混水摸鱼、不断重复劣质教学的三十年？师长应该被尊敬，但不可被轻信。

@茅为蕙 新浪微博

问题 68 是不是每首作品都需要背谱？

不是每一首乐曲都需要背谱！但是一些经典作品，或是孩子特别喜欢，表现得特别出色的乐曲都应该能够背谱演奏，成为一首经典的“保留曲目”。

虽然不是每首曲子都需要背，但孩子背谱这件事情一定要早早就开始，背谱要成为孩子日常学琴的一部分，任何时间都要有一到两首曲子属于在背谱的状态。千万不要等到考级了、比赛了、有表演任务了才去背谱。另外，乐谱的记忆需要在我们的脑海里成熟、酝酿和储存比较长久的一段时间，再演奏起来才能更自信、更牢靠和更巩固！背谱练习得越多，过程就会越轻松，记忆也会越长久！凡是在为观众表演时，背谱是必须的；当我们的视野里不再仅仅是黑白的琴谱时，音乐才会真正的五彩斑斓。

问题 69　一首乐曲如果孩子三周不练习就几乎会完全忘记，这种现象是否值得担忧？

每个人小时候都背过课文、背过古诗，也都是考试前记忆清晰，考试后全然不记得！对于这种现象其实大部分人都不会诧异，因为这是人之常情。钢琴乐曲的记忆其实也是一样的，每天练习的时候记忆犹新，几周不练以后记忆就变得朦胧和不可靠。人的记忆有的是永久的，有的不是；出现这种“背过就忘”的现象不用觉得奇怪和不安，它绝对不代表孩子不聪明或没才能，家长们千万不要紧张，也不要担心。其实一首曾经背会了的曲子一段时间不弹之后虽然会觉得很陌生，但是却能很快地被“捡”回来，快速地回到以前的水平。每一次背谱都是一种锻炼、一种积累！平日里要多练习背谱，让孩子找到自己背谱的规律、习惯和信心；当一个乐曲第二次被“背谱”时，一定会比第一次轻松得多，容易得多，这一次的记忆也会持续得更长久！

问题 70 家长怎么能认定孩子此时的钢琴老师是否称职？钢琴老师可以更换吗？

评价一个钢琴老师是否称职不能只看他的职位和教育背景，重要的标准还有很多：

第一，要看在这个老师的教导下，孩子的钢琴学习是否有了明显的进步，他是不是更喜欢钢琴了，对钢琴的兴趣和情感是不是更浓了，而这只有孩子和家长自己知道。

第二，要看这个老师每一次上课是不是都认真负责、充分准备，还是三心二意，或潦草马虎。

第三，要看这个老师对于家长对孩子钢琴学习的反馈，是不是认真考虑，是不是对家长的要求和沟通能够理解并能够适当改变。

第四，要看他是不是能够保持一个良好的演奏状态，常常为孩子做具有专业水准的示范。

第五，一个称职的老师还要真的为学生考虑，关心的是孩子的现状以及未来，而不是自己的经济来源。

至于老师可不可以换这个问题，答案当然是肯定的，老师可以换！而且换老师是一件很正常的事情，每当经过三四年的学习，孩子进入到一个新的阶段时，都可以为孩子换老师以接受新的养分。从四岁开始学琴到二十岁，不可能只有一个老师，因为不同的老师有不同的擅长领域：有的老师擅长于初期的启蒙，有的却擅长于后期的启发。但是，老师换得太频繁也不好！如果一年内换了好几个老师，那就是孩子学琴态度不好，或者家长对孩子学琴一事不够关心的表现！

问题 71 孩子的钢琴老师很专业、很认真，但是对孩子从不表扬、鼓励，总是让孩子觉得自己有很多问题，遇到这种情况家长该怎么办？

很多老一代的教育工作者甚至许多家长都有着这样一种观念：对孩子不能表扬，一表扬他们就会骄傲！很遗憾这种不近人情的教育观，依然盛行在当下与国际接轨的中国，很遗憾老师和家长对孩子严格要求绝对无可厚非，但是在对孩子严格要求的同时给予肯定、支持、赞扬和鼓励更是一位称职的教育者必须拥有的能力和理念。对孩子既严格要求又关爱备至，两者并不矛盾！

如果一个老师对孩子总是“恶狠狠”的，只会挑错，永远低估，那么家长应该开始怀疑这位老师对孩子是不是真的用心负责，或只是在炫耀自己所谓的“水平”。当老师过分的严厉与从不表扬孩子的“盛气凌人”演变成孩子学习的心理障碍，或者是家长与老师沟通的严重阻碍的时候，便可以考虑更换钢琴老师了。一个不能给孩子带来正能量、带来自信、带来笑容的老师，不能被称作是一名优秀的老师；当然，一名真正称职优秀的老师也不可以只说孩子“好”，从不纠正错误或严格要求！一名真正称职优秀的老师一定不仅在学习上可以让孩子不断取得进步，同时也会在其他方面影响孩子，促进孩子的身心健康、快乐地成长。

恳请家长谨记：严格不是野蛮，严厉更不是粗暴，充满爱心和尊重的“严师”才能真正培养出“高徒”。

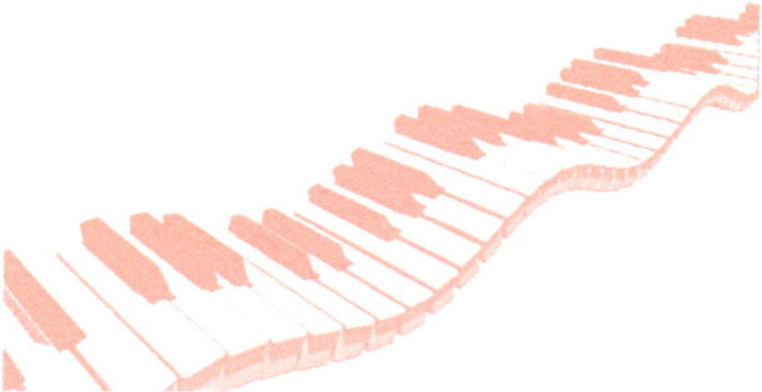

问题 72 很多孩子喜欢理查德·克莱德曼的乐曲，有时候也喜欢弹一些卡通片或电视剧电影改编的钢琴曲，家长应该赞成还是反对？

对于这类所谓的“通俗钢琴曲”，如果其程度与孩子的能力相适应，学习一两首，既作为试奏，又作为娱乐，实质上并无大碍。但是，这些仅仅只能作为给孩子培养兴趣的教材。当孩子练哈农实在烦躁了，不妨弹一首《喜羊羊和灰太狼》主题曲来调节情绪；小朋友来做客，听不懂莫扎特，但这样的作品便能博得大家开怀一乐……在一些非正式场合这些乐曲效果会很不错，所以完全不必要一味地排斥。即便老师不同意，也可以在家里“偷偷”地弹，但前提是不能占用太多练琴时间，一定要在正式作业完成之后再光顾。同时，学习这一类型的乐曲也要保证质量，音符、节奏、踏板等都要精准。最后，请记住如果孩子参加比赛、考试、大师课或正式的演出，请远离这些作品，毕竟登不上大雅之堂。

问题73 九岁的儿子在家里弹得非常熟练，但是一走上舞台就非常紧张，错误百出，这种心理该如何克服？

每一个人上台演奏都会紧张，哪怕是世界上最优秀的艺术家。重要的是如何把这种紧张演变成正能量，而不是让自己手脚发抖，精神恍惚。

对于孩子们的紧张心理，家长必须做到以下几点：一，要充分理解。不仅仅是家长要理解孩子的这种紧张，也要让孩子自己理解自己可能会拥有的紧张心理。二，要在走上舞台前做好充分的准备。对于表演曲目一定要有百分之两百的把握。如果孩子没有绝对的把握不要让他轻易上台，尽量减少失误和失败的几率。三，多上台。多给孩子寻找、创造上台表演的机会，一年有几十次上台机会和一年只有一两次上台机会的孩子绝对会有迥然不同的舞台经验和心理准备。四，万一孩子真的"演砸了"，在台上犯了很严重的错误，家长和老师不可以批评、不可以嘲笑讥讽、更不可以打骂孩子，要让孩子知道失败乃成功之母，只要找到了今天失败的根源就是明天成功的开始。

问题 74　孩子上小学三年级，功课越来越多，练琴时间越来越少；父母该如何帮助孩子均衡？

众所周知，国内的小朋友从小学开始文化课的压力就很大，尤其是进入三四年级之后，每天做功课就要做到很晚，练琴的时间必然会随之减少。遇到这种情况时，第一时间要与钢琴老师交流和沟通，最重要的就是曲目的数量和难度要有所调整。对孩子的钢琴学习来说最不好的状况就是练琴时间越来越少，可是老师布置的作业却越来越难，越来越多，这便制造了一个不可调解的矛盾。如果孩子练琴的时间不可避免地在相对减少，那么老师就应该相对调整曲目的数量并控制曲目的难度。如果孩子只能练习四十五分钟的话，一定要保证老师布置的曲目是可以在四十五分钟之内完成的。不过，时间虽然减少了，练琴的认真度可不能降低；无论练多少时间，都要认认真真地去对待每一分每一秒每一个音符。同时，家长和孩子也不要因为文化课紧张就随随便便减少练琴时间，尽量学会合理安排课余时间。

问题 75　做了几年的陪练家长，现在开始“听不懂”了，是否需要继续陪在钢琴旁？

孩子初学阶段，家长跟随一旁边听边学，课堂上学到的知识似乎足够用来充当称职的陪练，但不知从何时起，家长们开始听不懂，跟不上了，这种现象的发生是必然的，家长们大可不必自责。

当这一天来到时，首先可喜可贺，说明孩子在钢琴学习的道路上又往前迈进了一大步。家长陪练的功能本该随着孩子程度的进展和年龄的增长而逐渐“隐退”，大人不可能也不应该做孩子一辈子的陪练！从天天陪，可以逐渐改变为有时陪；从以往的在钢琴旁“找错误”可以慢慢融入进“提问题”；从全神贯注地陪练可以转型为“你练你的，我在一旁做我的事情”……当然人不在钢琴旁不等于心不在，更不等于耳朵不在。

孩子在走不稳的时候家长给予扶持，为的就是有朝一日他们能够独立前行。但是初学期间家长正能量的扶持会为孩子一辈子走得稳走得远打下坚实的基础。

问题 76　老师希望孩子在学习钢琴的同时也学习音乐理论、音乐历史、音乐欣赏等等，这些是否有必要？

如果孩子的程度已经很深，也一心希望和准备着往专业道路发展的话，适当在钢琴演奏课程之外添加音乐理论、音乐历史以及音乐欣赏的课程是有必要的。但是如果是非常年幼的琴童，譬如只有七八岁，那么一名优秀的钢琴老师应该有能力在钢琴课上涉猎到一些相关的音乐理论和历史知识。而音乐欣赏更应该从第一堂钢琴课就开始被融入进每一首乐曲，没有太多必要在孩子非常幼小的时候就开始这一部分知识的专业学习；当孩子较成熟以后，并且决定要走音乐的专业道路再系统学习相关知识也为时不晚。

关键在于钢琴老师是否愿意“慷慨”地在钢琴课上同时传授其他音乐知识，还是必须得”另设课程”。（家长自然懂得“另设课程”的因果关系。）

问题 77　最近女儿总是抱怨手腕很酸，甚至手臂有一些胀痛，父母需要担心吗？

当孩子抱怨手酸肩酸的时候，家长便要警惕了。千万不能只把这当作是一时的疲惫，盲目认为过几天就会好，出现这种状况常常预示着孩子身体出现了某种紧张，而身体紧张都是心理紧张的写照。是不是新的曲子太难了？跨度太大了？音符太多了？速度太快了？如果发现孩子身体呈现紧张的状态要第一时间跟老师交流，看看是否需要更换乐曲，改进下键方法，然后在家中通过一些身体上的抚摸帮助孩子放松减压：例如按摩肩膀、做手指操等等。哪怕只是一些简单的触碰都可以帮助孩子减少紧张的心绪。只有心理上的放松才能让躯体真正放松下来，躯体一旦放松了，那么所有的酸痛不适都应该随之而去。但是这个问题的解决不能拖延，必须及时得到重视和纠正，不然的话后患无穷。

问题 78　今天儿子问道：为什么有的钢琴家弹琴时摇头晃脑，有的钢琴家纹丝不动？

在这个世界上每一个人的性格都不一样，我们无法找出两个各方面都一模一样的钢琴家。有的钢琴家弹琴的时候很安静，似乎只有按琴键的手指和踩踏板的脚在动，而有的钢琴家弹琴的时候很奔放，全身上下都随着音乐而摆动……每一个钢琴家都有着属于自己的演奏方式与风格，没有高下对错；只要是自然的、真实的和发自内心的，就都是可以被接受和认可的。

每一首乐曲的要求和每一个钢琴家的性格决定了演奏时的不同风格。我们不必要一味地去模仿谁，或者片面地去评判谁好谁坏。表情没有对错，性格也没有好坏；唯独没有表情，没有性格的艺术是不能打动观众的。找到自我，并准确地表达自我，才是表演艺术的真谛。

问题79 同龄又同时开始学的琴童，两年后却有了很大的区别，这种现象正常吗？

当水平相当的运动员们站在同一起跑线上，不管是长跑还是短跑，出发以后马上就会拉开距离，这是因为每一个人的速度、爆发力和耐力都不可能一样，钢琴学习也是如此。不同的孩子有不同的学习能力和对音乐的感知，不同的学习环境和家庭背景，同时每一个孩子的身体条件尤其是手指的力量长短也都不一样，所以学习状态肯定会有所不同。作为家长可以在孩子的学琴过程中不断探索：自己孩子和其他琴童的距离和差别都体现在哪一方面？如果这个差距是在可以被接受的范围之内，那么要允许孩子们之间“不同”的存在。如果差距过于明显，那么就该提高警惕，从客观因素上找到问题的根源。如果孩子的进步过于缓慢，那么是不是练琴太不认真，老师和家长的能力和方法有问题？如果孩子在音乐学习上表现出了超常的能力，那么家庭的重视程度也应该相应提高了。

问题 80　如何多层次地提高孩子的艺术修养?

很多音乐学院,包括上海音乐学院、中央音乐学院等著名院校内的钢琴系学生弹得一手好琴,但是他们达到一定的水平之后就会遭遇瓶颈,很难继续前进。很大的原因在于钢琴专业的只会弹钢琴,小提琴专业的只会拉小提琴……若是问他们有关美术、建筑、文学的问题,他们一概不知。甚至问一个钢琴学生一些有关其他乐器的相关知识,他也只是略知一二。这种现象在国内很常见,也值得我们去反思。

一个称职的钢琴老师应该从孩子很小的时候就让他在别的艺术上找到跟钢琴、跟音乐的相通之处,例如弹一首印象派的乐曲就可以介绍一下印象派的绘画,弹一首现代派的曲子就可以跟一座现代派的建筑或者雕塑联系起来,在了解了别的艺术的同时也可以补充对钢琴的认识。

而这不仅仅是老师的责任,家长也要在孩子很小的时候就开始通过各种渠道，例如看展览、看书或者看视频等等方式，对孩子进行多层次的艺术熏陶，如果家长认为孩子学习弹钢琴只要了解钢琴就足够了，那么孩子今后充其量只能成为一名钢琴的“匠人”而无法成为一名钢琴“艺术家”。各门艺术都是相通的，不同知识的了解和熏陶都会对钢琴演奏起着决定性作用。

选择篇

问题 81 孩子进入初中以后练琴时间所剩无几，停止钢琴学习似乎不可避免，这时候放弃岂不是半途而废？

音乐也好、绘画也好、书法也好，学习它们对于孩子而言首先是一种艺术的熏陶，对性格和情操的养成有很重要的作用。孩子小时候学习围棋是为了训练大脑而未必成为围棋冠军；小女孩学习芭蕾是为了今后能拥有很好的体态而未必成为专业舞者；那么为什么一旦弹起了钢琴就一定要以钢琴为业呢？

如果孩子面对的是类似于中考、高考这样的升学压力，实在没有时间再练琴的话，又或者孩子实在厌倦了，父母竭尽全力孩子却坚决不愿意再继续的话，那么停止钢琴的课程并不是悲剧的开始。钢琴教育者最大的期望就是哪怕停止也不要是“戛然而止”，像一个急刹车一般，毕竟希望孩子学琴的过程可以多维持一段时间，可以让孩子多弹几首喜欢的曲子，让停止有个缓冲。

若是真的停止之后，也不要把“半途而废”四个字挂在嘴上，即便不再学习钢琴了也无“废”可言，难道必须要以钢琴演奏为职业才不算是“半途而废”？五年也罢十年也好，学钢琴的这段时光终究会成为一个人生命中美好的回忆，会在某个时刻里不经意地被想起，以后不管是恋爱了还是有了孩子，都可以跟配偶和孩子骄傲地说自己曾经或者现在依然是钢琴爱好者！当然，孩子停止了学习钢琴并不等于停止了享受钢琴：或许有一天孩子遇到高兴或悲伤的事情可以坐在钢琴前用音乐来抒发内心的感受，或许某一个午后孩子会走到钢琴边，弹奏一首让笑容更加灿烂的乐曲……这难道不是家长在最初让孩子学习音乐的期盼吗？

问题 82 考级的意义何在？要不要考级，怎么考？

考级是一个审视孩子当下钢琴弹奏水平的客观模式！之所以能形成是因为家长总是免不了希望孩子的钢琴弹奏和一个具体的数字挂上钩，希望知道孩子当下的水平到底堪称几级。

首先，考级当然可以去考，但是千万不要把它当做学琴的目的，不要把十级当作孩子学琴的最终目标！考级只是学琴过程中的一小部分，仅此而已。对于钢琴老师而言，更不应该把琴童考级作为他教学的唯一宗旨。

其次，考级时选择的级数和曲目必须是孩子在此时此刻真实的弹奏水平，与孩子的年龄和程度相符合。考级在当代中国社会最大的弊端就是让很多琴童和家长为了“考级”而“考级”，考完三级恨不得马上考八级，完全放弃从三级到八级之间的该按部就班去练习和掌握的课程。

孩子平时练琴还是要以学习进度为准，该弹什么曲目了便弹什么曲目，正好教程的曲目是某一级的考试曲目便可以去尝试一下。考级曲目需要认真细致地准备，弹给考官听也是给自己一个鉴定。只有这样去对待才能让考级真正地对孩子的学琴有所帮助，否则为了“考级”而去“考级”的话，考级只会是一种有百害而无一利的行为。

在什么样的情况下，考级是无害的？1.当考级只是钢琴学习的一小部分，而不是终极目标时；2.当考级曲目能真正反映琴童现有的水平，而不是无知无畏的盲目拔高时；3.当钢琴老师不是那种以“两年考八级，三年考十级”作为广告语的“大师”时；4.当家长见到别家琴童懂得不再询问“你家孩子几级”时。

@茅为蕙　新浪微博

问题 83 社会上有各种考级，音协的、音乐学院的、国外的，面对这些浩如烟海的考级家长该如何选择？

第一，建议和老师商量，例如孩子是住在湖北省的话，那么参加湖北省的考级是不是对孩子以后的入学、高考等有所帮助？如果有直接帮助，那么不妨优先考虑本省的考级。

第二，看看每一年考级的曲目是不是适合孩子，孩子是不是喜欢，永远应该优先选择比较适合孩子年龄和钢琴学习状态的曲目。

第三，要注意不同考级的口碑。这里也可以简单介绍一下，到目前为止，国内最受欢迎的就是上海音乐学院的考级，因为它每年都有不一样的曲目，不像有的考级十年曲目都不会变，正是因为上海音乐学院的考级每年都在变化，这也就逼迫着老师和家长不断地去学习。国外的话，英皇的考级比较受欢迎，因为它考察的不仅是孩子的钢琴演奏水平还有理论知识，因此它也给孩子一个从小学习理论的机会。所以，这两大考级到目前为止被认为是最专业的，也是口碑最好的考级。

问题 84　孩子考完十级后该做些什么?

当孩子总算是得到了那一张梦寐以求的十级证书以后,要怎么继续激发孩子的学习动力和设定新的学习目标呢?

第一,家长和孩子都不可以认为考过了十级就可以如释重负,大功告成,甚至认为这意味着可以理所应当地走上钢琴专业道路了。可以考到钢琴十级确实很优秀,为了考到十级孩子和家长也付出了很多很多的努力,但是考到钢琴十级真的不能代表钢琴演奏水平已经到了最高水准。

第二,考完十级后老师和家长都要有一种让孩子"补课"的心态,考完十级之后的第一件事情就是把为了考十级而无奈被疏忽和遗漏的课程补回来,一时的疏漏不要成了终生的欠缺。

第三,可以开始让孩子多弹一些他们喜欢的乐曲,其中包括经典的作品也可以有通俗的乐曲。多少年多少级了，考级的乐曲未必是孩子心目中最愿意去诠释的音乐。

考级结束了绝对不意味着对钢琴不再探索，不再进取，或不再热衷。如果有机会能继续通过钢琴而走上舞台，那才是最有意义的坚持！

“十级”之后的三要三不要：1.要回过头复习前面看似容易却还未弹好的曲目，不要以为“过”了十级就是“会”弹十级的作品；2.要积极挖掘音乐以外的知识学问，不要幻想一张十级证书是可以以音乐为业的凭证；3.要坚持在音乐道路上的热情与主动，不要从此视音乐为“痛苦回忆”，把钢琴当“客厅摆设”。

@茅为蕙　新浪微博

问题 85 孩子的一位好友小提琴拉得很好，孩子非常喜欢为他的小提琴好友做钢琴伴奏，这是不是浪费时间，家长应不应该允许？

能够和学习别的乐器的小朋友一起演奏或者和其他小钢琴手们一起演奏四手联弹，都是极好和极难得的锻炼机会；家长不仅不可以阻止，而且还要尽力去创造这样的机会，搭建这样的平台。

钢琴是一种很孤独的乐器，弹钢琴的小朋友和乐队的、合唱团的小朋友不同，他们大部分时间都在一种独处的状态中。能够跟别人一起演奏会给自己机会来学习如何边弹边听边想，学会和别人合奏是提高自己音乐修养的必经之路。孩子们也会通过这样的演奏对别的音乐艺术形式、别的乐器有更多的了解，同时正如古诗所说，“不识庐山真面目，只缘身在此山中”，了解别的乐器的同时，也会更加明白钢琴是什么。

所以家长们如果遇到类似的情况，一定要多鼓励多支持孩子的参与，这绝对不是浪费时间！

问题 86 家长如何决定是否让孩子走上音乐的专业道路?

要不要进音乐学院、走音乐的道路,对任何家长和孩子本人而言,这都是一个很难的选择。一旦选择了音乐的道路便是孤注一掷,不仅需要每天投入大量的时间去练琴,而且这种努力还不一定会结出理想的果实来。法学院毕业好歹成为一名律师,医学院毕业好歹可以成为一名医生,可音乐学院毕业却不一定可以成为一名钢琴家或者音乐家。所以,当决定要不要走音乐道路的时候一定要慎重考虑以下几个问题:

第一,孩子的性格。从过去多年的舞台经历来看孩子是不是适合表演、适合舞台,是不是有强烈的表演欲望和表演能力,更重要的是要看孩子是不是热衷于表演事业?

第二,孩子的学习情况。在音乐学习的道路上孩子的进程是不是既快又稳,能够在最精简的练琴时间里解决需要被解决的困难和问题?

第三，孩子对音乐的喜好程度。是不是对钢琴对音乐极度热爱，做好了一辈子与音乐、与钢琴为伴的准备？

如果对于以上的几个问题答案都是肯定的，那么便可以较大胆地去尝试走专业的道路。不过，客观地说也要做几手准备。孩子若能成为钢琴演奏家当然最好，如果天时地利人和没有能够让这个理想如愿以偿的话，一定也不能排斥从事音乐教育事业，或是其他与音乐有关的职业。如果一心想着以后必须要成为事业有成的钢琴演奏家，那么失望的几率就太高了！

问题 87　中国有九大音乐学院，都设有附中、附小，听说竞争非常激烈，能考取的孩子寥寥无几，是否属实？

的确难上加难！中央音乐学院、上海音乐学院的附中、附小在全世界范围内都是佼佼者，而且每年招收的学生都非常少，全国乃至全世界许许多多的孩子都想报考，竞争极其惨烈，考进去的难度可想而知。想要考进这样的学校，需要孩子拥有与生俱来的才能以及绝对的刻苦，同时也需要家庭的无条件牺牲和比较厚实的经济基础，因为从一开始就需要聘请优秀的老师、买高质量的钢琴。

总之，有意进入各大音乐学院的附中、附小的孩子们，其家庭一般都会做充分和长时期的准备。不过，中国各大音乐学院的附中、附小毕竟拥有着精英教员和悠久历史，是名副其实的音乐家的摇篮，日后培养出来的学生都是业内的翘楚；如果有机会在这些学校求学，会对孩子的音乐道路有很大的帮助。

问题 88　如果希望孩子走进音乐学院的校门，那么音乐学院附中、附小是否是必经之路？

从音乐学院附中、附小毕业的学生日后进入音乐学院学习是理所当然的，而且不出意外的话他们都能考进全世界一流的音乐学院。但是，音乐学院的附中、附小并不是进入音乐学院的必经之路或者说是唯一的道路，只不过如果能够从这个方向发展，以后能够有更多把握进入优秀的音乐学院。

即便是在普通中学学习，每天依然坚持有效地练琴，跟随优秀老师学习的钢琴学子们，以后同样有机会进入到国内外的音乐学院或者综合性大学学习钢琴演奏。这种先例屡见不鲜，这种类型的学生其实发展更全面，思想内涵往往更加丰富。音乐学院固然好，但是综合性大学也有它的优点。无论是国内或国外，综合性大学里的音乐学院有许许多多钢琴学子都是出类拔萃的。

问题 89 听说音乐学院附中、附小的文化课要求比普通学校低，是否真是这样?

音乐学院附中、附小的孩子其实什么科目都在学，只不过他们每天要保证大量的时间练琴，所以花费在文化课上的功夫和心血与普通中小学的孩子不能相提并论。音乐学院附中、附小的优势在于它能给孩子非常好的学习环境和出类拔萃的钢琴老师，“软硬件”环境都非常好，在这里还可以经常接触到国内外许许多多著名音乐家。这对普通高中的钢琴学生来说简直是望尘莫及。

同时，音乐学院附中、附小的劣势也在于此：每个人每天只有二十四个小时，这些钢琴专业的孩子不可能既学好钢琴又很好地兼顾到文化课，尤其是在数理化方面他们可能会非常的薄弱。

家长和孩子在音乐和文化课两个着重点上应该有一个较为清晰的选择。如果家长们希望孩子既能学好钢琴又在文化课方面始终有个好成绩的话，那么音乐学院附中、附小并不是一个能够帮助家长实现这种期望的首选。

问题 90 孩子非常喜欢音乐，希望以后能够永远以音乐为业，但也未必一定要做一名职业的钢琴演奏家；那么除了演奏钢琴以外，在音乐专业里还有什么别的职业可以做？

当然有别的选择，而且有许多！值得一提的是以后无论从事哪一类音乐工作，钢琴都是基础。一般通过钢琴转行的职业有指挥，包括合唱指挥、器乐指挥；有作曲，对于作曲家而言掌握键盘的知识是第一重要的；跨界的还可以去做流行音乐，周杰伦也好，王力宏也好，他们的钢琴都弹得很好，弹钢琴对他们的歌曲创作起了决定性的作用。或者也可以成为音乐制作人、经纪人，甚至是与音乐有关的商人，这些都是有可能的。总而言之，以钢琴为基础是可以伸出许多枝叶的，有许多道路可以走，而且都能走得很好。

而大部分没能成为职业演奏家的音乐学院毕业生都会顺其自然成为一名音乐教师。能成为一名真正优秀和称职的音乐教师是一项很神圣和伟大的事业，学生们和家长们都不必要抱着“求其次”的心态：一名音乐教师对社会的贡献往往会比一位演奏家更大。

【送给所有学音乐的年轻人】快不等于赶，慢不等于拖；忙不等于乱，静不等于呆；响不等于砸，轻不等于虚；自由不等于随意；踏板不等于遮丑；自信不等于自傲，谦虚不等于谦卑；对老师尊敬不等于轻信，对家长尊重不等于顺从；又深又难不等于又好又准，以琴为友不等于以琴为业。

@茅为蕙 新浪微博

问题91 好像大部分学音乐的学生都会选择出国深造，什么年龄出国最合适？该选择欧洲还是美国？

古典音乐的大根据地是在欧洲，大部分有名的钢琴家都是来自欧洲或者美国，所以很多的音乐专业的学生会选择出国去欧美深造。中学毕业，在国内获得了良好的、坚实的基础训练后去欧美感受更浓郁的古典音乐熏陶，接受国外更加注重个性化发展的音乐教育——这也是许多优秀的钢琴家的学琴轨迹。不过，值得欣慰的是，现在在国内一些音乐高校任职的教授也都是从国外受了良好的教育后回国的，能够把国外的一些理念带回到国内来。所以学习钢琴也并不一定非要选择出国深造，也可以努力进入国内的优秀音乐学府，例如上海音乐学院、中央音乐学院等。

如果打算出国的话，是选择欧洲还是美国呢？欧洲的教育虽然有着悠久的历史，教育的水平也非常的高，但是相对于美国而言还是古板、老套了一些。作为一个移民国家，美国人来自全球各地，精英们也免不了聚首美国，在音乐教育上更加个性化，更加尊重个人的意愿与性格。不仅如此，美国的学习、生活环境一般会让孩子更早学会独立，而欧洲在这方面相对而言比较薄弱。

美国家长教育孩子的十个“礼貌准则”：1.不插嘴；2.不起绰号；3.见到客人主动说“你好”；4.牢记“谢谢，请，对不起，不客气”；5.整理自己的衣物玩具；6.玩耍时要谦让；7.受到别人表扬时不贬低自己，说“谢谢”；8.为别人开门；9.进出电梯、上下大巴等时记住先下后上；10.尊重别人的与众不同。

@茅为蕙 新浪微博

问题 92　听说音乐学习是一种“贵族学习”，是不是只有富家子弟才有条件学习音乐？

音乐虽然是一门应该被所有人分享的艺术，但学习音乐确实是对一个家庭经济的不小的考验，从买乐器、上课、请老师到换乐器、出国深造，都需要家长经济上的付出。不过，在当今的社会经济条件下，许多出身于中产阶层的孩子、许多家庭并不富裕的孩子，凭着家长的努力和孩子自身的勤奋，学琴却取得了很大的成功，同时还是有许多基金会、学校在经济上支持钢琴教育的，也有一些老师会不计报酬地帮助孩子。虽然富裕的家庭条件可以对孩子学琴有更大更有力的帮助，但是也不能因为家庭不够富裕便阻止孩子在音乐道路上前行。

音乐的才能不会“嫌贫爱富”，更不能用金钱来衡量，希望广大的音乐教育者也能够“爱才”多过“爱财”。

问题93 许多琴童家长在交流时诉苦：在中国，一流的钢琴老师只局限于北上广深，许多二三线城市的家长和琴童每周打着“飞的”上课，是否真是这样？

很遗憾地说，现今中国钢琴教育资源分配得很不平均，尤其是教师资源，在这方面中国大概可以算得上世界上最不平均的国家了。中国好的钢琴老师集中在北京、上海、广州和深圳。苏州离上海很近，可是苏州的钢琴教育却差上海许多，天津离北京也很近，但是天津的钢琴教育和北京也有很大的差距；总的来说二三线城市和一线城市还是有很大的区别。有才能的钢琴教师会选择北京、上海这些大城市进行钢琴教育，可是有才能的、十分用心的琴童却并不仅仅只分布在这些大城市，所以会有许多学生坐着飞机、火车到北京、上海向一些很有名的专家拜师学艺，这是一个暂时无法改变的客观事实——虽然这也是音乐教育普及者不想看到的现象。希望在我们中国音乐人口不断增加的情况下，这个问题可以得到很好的解决，在不久的将来，二三线城市的孩子也可以在当地找到一流的钢琴老师，不辜负他们的音乐才能和音乐梦想。

一个钢琴家可以在舞台上拥有最娴熟的技术、最动人的姿态、最高傲的自信和最自我的陶醉，但其人始终不可以凌驾于钢琴之上，其心不可以专一在舞台之下，其情不可以抒发到音乐之外。舞台上不可失去自我，但更坏的是“只有”自我；这个界线看不见摸不着，但感觉得到。

@茅为蕙　新浪微博

问题 94　现在大小钢琴比赛比比皆是，有的老师鼓励孩子去比赛，有的老师从不问津，家长和学生应该如何选择？

从各种品牌机构举办的到音乐学院和音协举办的，中国的儿童以及青少年钢琴比赛比比皆是！首先，家长需要和老师商议和沟通，一定要有所选择，千万不要有比赛就去，不能盲目参加。在比赛的选择上要多搜集一些信息，往届的比赛情况以及社会上的、业内的多方评价，尽量选择一些公平公正、口碑比较好、评委比较专业的比赛。

比赛虽然对琴童来说是很好的锻炼机会，但比赛的频率不能太密集，否则会影响到学习新曲目的进程。对比赛的期望值也不宜过高，把比赛当成又一次登台表演的机会乃是最佳心态。对比赛的结果也不要看得太重，一般社会上小比赛的成败绝对不会影响孩子今后的成就、事业和幸福！要知道，艺术比赛毕竟不是数学比赛，它在很大程度上还是比较主观的，没有绝对的标准。获奖选手的名次免不了是由仅仅几位评委的喜好、风格甚至心情所决定的。

问题 95 一旦决定参加比赛，老师、家长和孩子应该如何应对？

首先，在参赛曲目上一定要做好充分的准备，不要明明知道这首曲子弹得很不成熟还偏要把它作为参赛曲目。参赛曲目必须在音乐上和技术上都非常完美！而且曲目要能够扬长避短，充分发挥选手的优点，尽量回避选手的不足。参赛曲目绝对不是用来弥补孩子的不足或改正孩子的缺点！既然准备参赛了，总是应该拿出最好的自己和最佳的状态！其次，要让孩子放松心态，重在参与，无论结果如何都是一次进步，值得鼓励和赞扬。如果父母和老师抱着孩子参加比赛就一定要得奖的心态，那比赛的经历和过程很可能对孩子有百害而无一利。

因此，对于参与比赛这件事，我的建议是：谨慎筛选，细心选曲，认真准备，大胆面对，看轻结果，轻松前行。千万不要让仅仅一次的失败影响了孩子以后对舞台甚至对音乐的热爱和激情。

问题 96 孩子喜欢自己作曲，喜欢即兴演奏，在钢琴上能自由发挥很长时间，家长可以“纵容”么？

很多孩子从小就表现出对作曲的强烈兴趣和天赋，喜欢坐在钢琴边天马行空地即兴演奏；虽然没有音乐理论的知识和背景，但是其过程让孩子非常愉悦，非常兴奋，非常陶醉。家长在这个时候绝对不要泼冷水，要允许孩子有这样一个自我创作的空间和欲望。当然家长也要把好关，让孩子把每天必须完成的课程先练习好，在空闲时间再去“演奏”自己的作品；不要让孩子过于沉浸在自己的“即兴演奏”中，花费太多宝贵的练琴时间。

如果家长和老师觉得孩子自己创作的音乐越来越“有模有样”，似乎真的在这方面有一些天赋，那么就可以考虑请一位教作曲理论的老师，钢琴学习和作曲学习双管齐下。要知道光靠一点小聪明和小才能是无法成为一名作曲家的，一定要经过理论的指导和刻苦的钻研才能不浪费孩子在这方面的天赋。

问题97 孩子钢琴学习一直坚持到了高中毕业，上了大学没有选择音乐专业，怎样在大学期间继续音乐的学习？

如果是在美国的一所综合性大学就读，专业虽然不是音乐，依然可以去音乐学院或者音乐系选修音乐课程。如果是国内的综合性大学，应该也会有机会去音乐系学习，无论是选修还是旁听。其次，可以积极参与到音乐院系的活动中，许多大学也都成立了艺术团、合唱团、乐队等类似的社团组织。这些组织凝聚了年轻人的活力、才能和爱心，经常会在社会上做许多有意义的事情，譬如说为老人、孩子和弱势群体无偿演奏等等。

还有一种可能性不容被忽视：就是可以尝试做钢琴家教或者在机构里进行钢琴教学。不仅起到了勤工俭学的作用，还能够在教学实践中继续学习，继续前行，不断完善自己。

问题 98　孩子学了十年钢琴也考完了十级，这种情况下如果半年不碰钢琴，是否会全部归零？

如果真的在半年里连一个音都没有弹过，那么就算不归零也会归到“二”或“三”……会忘记很多、生疏很多，十个手指也不听使唤了。许多原本轻松驾驭的乐曲和技术都会觉得非常陌生。因为不再有很好的控制能力和表演能力，再次捡起的欲望和决心也会减退。弹钢琴不像开车骑车，学会了之后不会轻易忘记；钢琴需要经常练习才不至于变得太生疏。所以最理想的是能够经常寻找练琴的机会和动力，无论是通过什么方式，尽量让自己在娱乐、休息或度假的时候把“练琴”这件事放在一个比较重要的地位。如果真的是因为许久不碰钢琴而把以前若干年学来的技能全部丢弃，实在太过可惜！多为自己争取和寻求演出的机会，无论是独奏、伴奏还是重奏。让音乐无所不在地充实自己、完善自己和表达自己。

问题 99　是不是学钢琴的孩子更聪明，而且不会变坏？

非常令人庆幸的是，实际情况的确证明许多从小学习钢琴、学习音乐的孩子都是德智兼优的好孩子：他们不仅会学好音乐，在文化课的学习上一般也会取得比较优秀的成绩。这主要要归功于三点：

第一，从小学习钢琴的孩子生活和学习会更加有规律，也更加充实，没有太多空闲的时间。把每天练琴和每周上钢琴课作为生活一部分的琴童对待学习会更有耐力，更有责任感，自我约束能力更强。

第二，学钢琴的孩子从小就学会了同时读高音谱号、低音符号，左右手同时进行有时还要加上脚去踩踏板；他们拥有着同时做几件事情、同时调动身体不同感官和部位的能力。

第三，音乐能够净化人们的心灵。如果一个人从小就每天接触美好的音乐、优美的旋律、温馨的和声，他将比别人更纯净、更优雅、更阳光！

问题100 对于人的一生来说，音乐到底意味着什么？

对一名五岁的琴童而言，音乐可能意味着每天最痛苦的三十分钟；对一名八岁的琴童而言，音乐可能是赢得同学们羡慕眼光的神秘武器；对一名十六岁的钢琴少年而言，音乐可能是他心中秘密的倾诉，是他在指间流淌着的青春年华；在父母的眼中，音乐既是他们每天与孩子的斗争的内容，又能让他们欣慰地看见孩子成长与成熟；成年人在体味人世间各种酸甜苦辣之时，只有音乐可以表达出无法用语言叙说的情怀；当一个人逐渐老去、步入晚年的时候，音乐能帮助他准确地把人生的每一段、每一幕都排练得整整齐齐。

无论国籍、无论民族、无论语言、无论家庭背景、无论生活环境……音乐是人类共同的语言，它诉说着同样的心声，却激发着不同的情感。

当语言无力时，便是音乐开始的时候……让音乐只有开始，没有结束……更让键盘只有绚烂，没有黑白……

图书在版编目(CIP)数据

琴童家长百问百答/[美]茅为蕙著. —上海: 复旦大学出版社,2015.8(2019.11 重印)
ISBN 978-7-309-11585-7

Ⅰ. 琴… Ⅱ. 茅… Ⅲ. 儿童教育-音乐教育-问题解答 Ⅳ. G613.5-44

中国版本图书馆 CIP 数据核字(2015)第 152408 号

琴童家长百问百答
[美]茅为蕙 著
责任编辑/谢少卿

复旦大学出版社有限公司出版发行
上海市国权路 579 号 邮编: 200433
网址: fupnet@fudanpress.com http://www.fudanpress.com
门市零售: 86-21-65642857 团体订购: 86-21-65118853
外埠邮购: 86-21-65109143 出版部电话: 86-21-65642845
浙江新华数码印务有限公司

开本 787×1092 1/32 印张 5.5 字数 84 千
2019 年 11 月第 1 版第 5 次印刷
印数 18 581—21 680

ISBN 978-7-309-11585-7/G·1488
定价: 35.00 元